史伝 北条政子

鎌倉幕府を導いた尼将軍

山本みなみ Yamamoto Minami

NHK出版新書
673

史伝 北条政子――鎌倉幕府を導いた尼将軍　目次

編集協力　安田清人（三猿舎）
校閲　髙松完子
DTP　山田孝之

プロローグ――政治家・北条政子

鎌倉幕府を導いた尼将軍、北条政子《ほうじょうまさこ》。日本史を学んだことのある方なら、一度は耳にしたことがある名前であろう。鎌倉時代の女性としては、もっとも有名な人物である。

政子は、北条時政《ときまさ》の娘として伊豆の北条に生まれ、源頼朝《みなもとのよりとも》と結ばれて将軍の御台所《みだいどころ》となった。しかし、夫にも、四人の子どもにも先立たれてしまう。源氏将軍が途絶えると、京都から藤原摂関家の三寅《みとら》を次期将軍として迎え、尼将軍として幕政を主導した。承久の乱という未曽有の大乱においても、御家人たちに頼朝の恩を説き、結束を促して、幕府軍を勝利に導いた。

鎌倉幕府が瓦解しかねない難局を、弟の義時とともに乗り切ったのである。鎌倉幕府が百五十年ものあいだ続いたことは、決して当たり前ではない。源氏将軍が途絶えようとも、幕府が動揺することなく存続し得たのは、政子の尽力によるところが大きいのである。

しかし本来、評価されるべき政治家政子の功績は等閑視され、妻として母としての枠組みのなかで論じられてしまうことが多い。政子の名は広く知られる一方で、嫉妬深い、冷徹、男勝りといったマイナスのイメージが根強いのはそのためである。ことさらに夫への嫉妬深さや子どもに対する冷酷さが強調されるのは、評価する側の理想とする妻・母の姿として政子が正しくないからであろう。

ただし、同時代史料を紐解いたとき、浮かび上がるのは主体的で慈悲深く、政治家として非常に有能な政子の姿である。我々は、源氏将軍断絶と承久の乱という幕府の存亡にかかわる最大の危機を乗り越えた政子を、きちんと評価すべきではなかろうか。

すでに、歴史学界からは、渡辺保《わたなべたもつ》『北条政子』（吉川弘文館、一九六一年）をはじめ、優れた政子の伝記が出版されている。とくに野村育世《のむらいくよ》『北条政子』（吉川弘文館、二〇〇〇年）は名著であるが、社会史のなかの政子に力点が置かれている。そこで、本書では、政治史のなかの政子、政治家としての政子を描き出すことを目指す。加えて、政子のみならず、牧《まき》の方《かた》や大姫《おおひめ》、静《しずか》、実朝《さねとも》の御台所（西八条禅尼《にしはちじょうのぜんに》）など、同時代を生きた女子たちにも触れることで、鎌倉時代の女性のあり方を考えたい。

ところで、鎌倉幕府研究において根本となる史料が鎌倉幕府の歴史書『吾妻鏡《あずまかがみ》』（鎌倉後期の成立、北条氏が編纂に携わる）であることは、言うまでもない。本書で扱う時期の政治史も、『吾妻鏡』の記事に基づいて考察が進められてきた。しかし、『吾妻鏡』には北条氏の正当化を目的とした曲筆が多く、同書を利用する上では、慎重な史料批判が欠かせない。もちろん、戦後の幕府政治史研究も、『吾妻鏡』の編纂物としての限界について留意してきた。とくに『吾妻鏡』の頼家《よりいえ》・実朝記については、龍粛《りゅうすすむ》氏や目崎徳衛《めざきとくえ》氏によって、その信憑性に疑問が示されている（龍一九五七・目崎二〇〇一）。

そこで本書では、『明月記《めいげつき》』をはじめとする古記録や古文書、さらには『愚管抄《ぐかんしょう》』・『六代勝事記《ろくだいしょうしき》』などの史籍を素材として『吾妻鏡』の史料批判を行い、この時期の政治過程を立体的に論じることにしたい。そして、徹底した史料批判に立脚した政治史のなかに政治家・北条政子を位置づけたいと考えている。

政子の生涯は大きく三つに分けることができる。頼朝の正妻である御台所の時代（第一章）、頼朝の死後、出家し、後家として政治にも関与した時代（第二章）、尼将軍として采配を振るった時代（第三章）である。政治状況によって異なる立場についた政子の生涯を章ごとにみていきたい。

なお、「北条政子」という名前であるが、実は夫の頼朝も、父の時政もその名を知らない。彼女に「政子」という名がつけられたのは、建保《けんぽう》六年（一二一八）だからである。なぜこのとき「政子」と名付けられたかというと、従三位《じゅさんみ》の位を朝廷から与えられる際、位記（位階を授けるときに作成される公文書）に、名を記す必要があったからである。したがって、亡父時政の一字をとって便宜的に「政子」と記したにすぎない。同時代の人が彼女を「政子」と呼んだことはなかったであろう。十一世紀後半頃より、女性は実名を名乗ることを避ける傾向が強まっていた。史料上では、「御台所《みだいどころ》」「尼御台所《あまみだいどころ》」「二位殿《にいどの》」「二位尼《にいのあま》」「禅定二品《ぜんじょうにほん》」など、そのときの立場を反映させた名で呼ばれている。

幼き頃の童名については、「朝日」などの伝承もあるが、同時代史料からは不明といわざるをえない。鎌倉時代の女性は、元服しても男性のように名を改めないため、長女であれば、幼少期より「大姫」（長女の意）と呼ばれていた可能性がある。また、文書などに署名する場合には、「平 氏女《たいらのうじのにょ》」と記していたであろう。本書では、便宜上、「北条政子」または「政子」に統一し、論を進めることを断っておく。

第一章　御台所の日々

第一節　伊豆での暮らし

誕生と父母

保元《ほうげん》二年（一一五七）、北条政子は伊豆国田方《たがた》郡北条に生まれた。父時政が二十歳のときの子である。時政は、伊豆国の在庁官人（国衙《こくが》の実務を担う役人）をつとめる人物である。母については、前田家本「平氏系図」に「母伊東入道の女《むすめ》」とのみ記されるが、時期的に考えて、伊東祐親《いとうすけちか》の娘を指すとみてよい。伊東氏も北条氏と同じく、伊豆の武士で在庁官人をつとめる一族である。残念ながら、母親に関しては、史料にまったくみえず、政子らを出産後、ほどなくして亡くなったと考えられる。

政子には兄宗時《むねとき》や弟の義時《よしとき》、妹の阿波局《あわのつぼね》らがいた。宗時の生年は不明であるが、同じ伊東氏の娘を母とすると考えられることから、政子との年齢差は少ない。また、義時が幼名を江間小四郎《えまのこしろう》といい、北条氏の庶流江間《えま》氏の当主と目されていたところをみると、宗時が北条氏の家督を継ぐ嫡男《ちゃくなん》として遇されていたと考えられる。

政子の六歳年下にあたる義時は、源頼朝《みなもとのよりとも》の死後、幕政を主導し、政治家として活躍するが、彼が幕府にゆるぎない地位を築くことができたのは、政子のおかげであるといっても過言ではない。政子は、一貫して義時に味方し、幕府が難題に直面した際にはその力となった。両者の関係は、姉弟というよりも、政治的パートナーといった方がよかろう。加えて、政子は義時死去の翌年に亡くなっているから、義時の人生には常に姉の政子がいた。義時の生涯は、政子の存在を抜きにしては語れないのである。

妹の阿波局（生年未詳）は、頼朝の異母弟である阿野全成《あののぜんじょう》と婚姻し、三代将軍実朝《さねとも》の乳母《めのと》をつとめている。この婚姻により、北条氏と頼朝の関係は、より強固となった。政子にとっては、最も信頼を寄せる女性といってよいだろう。その他の妹には、畠山重忠《はたけやましげただ》ら東国武士の妻となった女性たちがいる。

安元元年《あんげん》（一一七五）には、十八歳年下の弟時房《ときふさ》が生まれているが、同母弟なのか確証を得ない。「足立系図」に従い、武蔵国《むさし》の武士の足立遠元《あだちとおもと》の娘を母と考えるのが妥当であろう（『新編埼玉県史』別編四、一九九一年）。

政子には、異母弟妹も多い。父時政は、駿河国大岡牧《するがのくにおおおかのまき》（「牧」は荘園化した牧場）の預所《あずかりどころ》（荘園の現地管理者）をつとめる牧宗親《まきむねちか》の娘牧の方を後妻に迎え、多くの子女を儲けた。息子の政範《まさのり》のほか、武士の平賀朝雅《ひらがともまさ》・宇都宮頼綱《うつのみやよりつな》、貴族の三条実宣《さんじょうさねのぶ》・坊門忠清《ぼうもんただきよ》に嫁いだ娘たちがいる。母親は異なるものの、異母妹のなかには、政子危篤の際、都から鎌倉へ見舞いのために下向した者もおり、良好な関係を築いていたようである。詳しくは、後述に委ねたい。

北条氏の出自

北条氏の出自については、謎に包まれている部分も多い。頼朝と政子が恋仲となった以前に、北条氏のことを記した記録がないうえ、保元・平治《へいじ》の乱にも不参加であった。加えて、有力豪族の三浦氏や千葉氏のように広大な所領をもち、大規模な同族武士団を形成しているわけでもないため、後世の研究者からは、伊豆の小豪族程度の評価しか与えられなかった。その一方で、本拠地の北条が伊豆の国司の役所である国衙《こくが》（三島）に近く、伊豆国の大動脈である狩野川が流れるなど、水上交通の要地をおさえていることなどから、弱小豪族とは言い難く、伊豆においては、伊東氏や工藤氏に次いで力のある一族であったとの評価もあり、一定しない。

北条氏の系図は、中条家文書《なかじょう》の「桓武平氏諸流系図《かんむへいし》」など、いくつか残されているが、時政以前については系図の間で混乱が激しい。ただし、平直方《たいらのなおかた》を祖とし、時家《ときいえ》を北条氏の初代とする点は共通している。『吾妻鏡《あずまかがみ》』にも、「爰《ここ》に上総介《かずさのすけ》平直方朝臣《あそん》の五代の孫北条四郎時政主は当国の豪傑なり」、すなわち平直方の五代孫にあたる北条時政は伊豆国の豪族であるとみえており、北条氏はこの直方の子孫であることを、一族のアイデンティティとしていたことがわかる。

平直方とは、貞盛《さだもり》流平氏の嫡流とみなされるべき存在で、長元《ちょうげん》元年（一〇二八）に関東で反乱を起こした平忠常《ただつね》の追討使となったが討伐に失敗し、代わりに任ぜられた源頼信《よりのぶ》の息子頼義《よりよし》を娘婿として迎え、鎌倉の屋敷を譲渡した軍事貴族である。直方が頼義を婿に迎えたことによって、八幡太郎義家《はちまんたろうよしいえ》が生まれ、鎌倉は源氏ゆかりの地となった。そして、のちに直方の子孫である時政の娘政子が頼義・義家の子孫である頼朝と婚姻を結んだことで、鎌倉に武家政権が築かれた。したがって、北条氏の系譜を語るうえでも、鎌倉幕府の樹立を述べるうえでも、二重の意味で直方の存在は重要である（元木二〇一一）。ここに、北条氏が直方の子孫を称する理由がある。

また、時家に関しては、近年、佐々木紀一氏が、『平家物語』の異本のひとつ『源平闘諍録《げんぺいとうじょうろく》』一之上「桓武天皇より平家一胤《いちいん》の事」に、時家は伊勢平氏庶流の出身（維盛《これもり》―盛基《もりもと》―貞時《さだとき》―時家）で、「北条介」の婿になったとみえることから、時家が娘婿として入り、伊豆に土着して北条氏が成立したのではないか、と新しい知見を提示した（佐々木一九九九）。

この「北条介」の一族は、南北朝〜室町時代に成立した系図集『尊卑分脈《そんぴぶんみゃく》』に、直方の子としてみえる阿多見聖範《あたみせいはん》の子孫であると想定される。したがって、聖範が伊豆国の阿多見（熱海）に進出を遂げ、その子孫が田方郡にも勢力を伸ばし、伊豆の在庁官人の地位を得ていた。ここに、伊勢平氏庶流の時家が婿入りし、北条氏を名乗るようになったというわけである。

さらに、佐々木氏は、『尊卑分脈』よりも成立の早い北酒出本《きたさかいでぼん》『源氏系図』（秋田県公文書館佐竹文庫所蔵）に注目し、時家を「伊豆国の住人」と記していること、代々武勇を誇る大和《やまと》源氏の出身で、十二世紀半ばに興福寺《こうふくじ》の僧兵を率いたことで有名な悪僧信実《しんじつ》の母が時家の娘であることを指摘し、時家は十一世紀後半から十二世紀初めの人物で、時政の祖父にあたると結論付けた。この指摘によって、時政以前の北条氏の系譜の一端が明らかとなった。系図に表すと次のようになる。

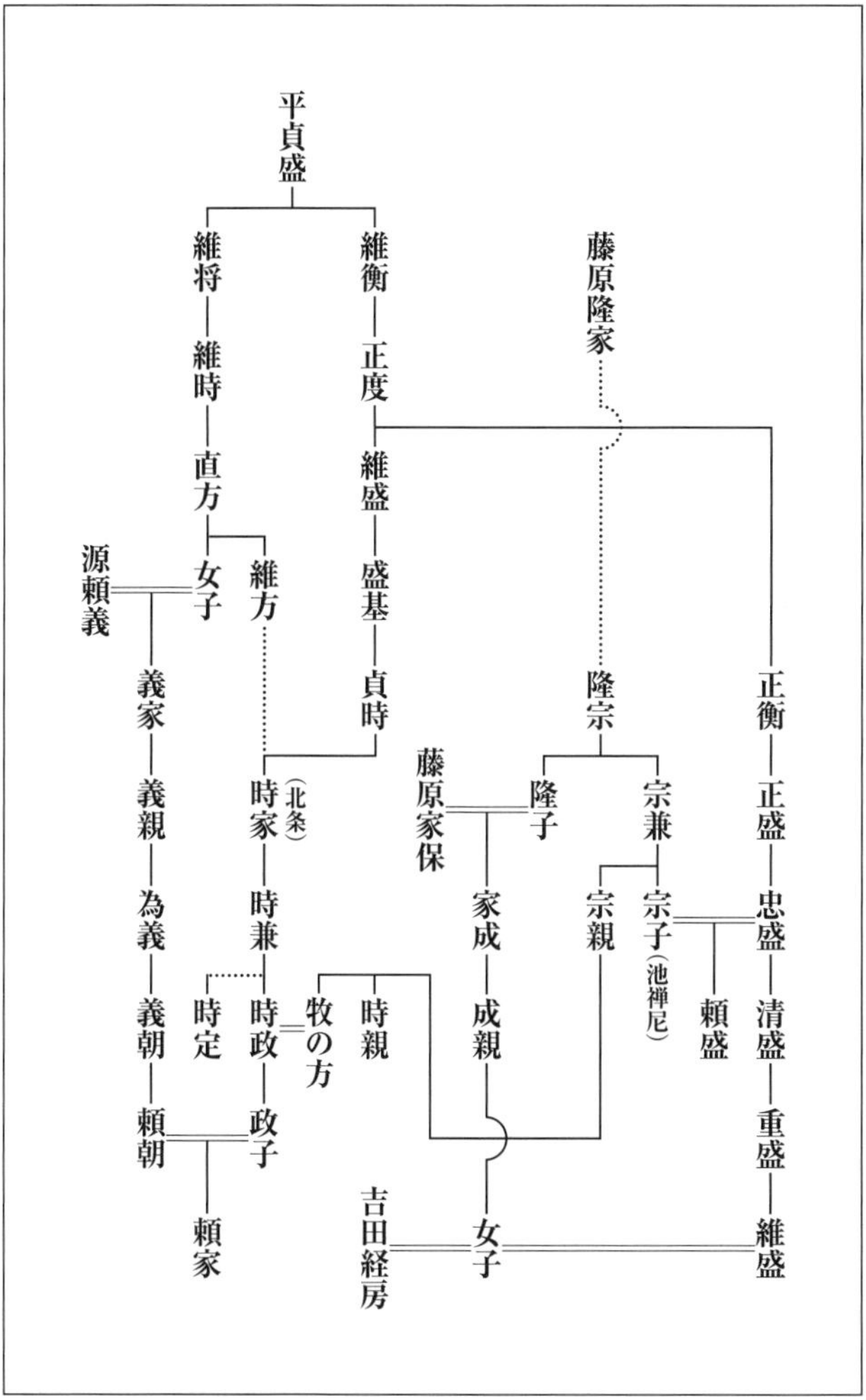

北条氏と藤原・源・平氏との関係(野口二〇〇六より)

時家が属する伊勢平氏は、承平《じょうへい》・天慶《てんぎょう》の乱の立役者である平貞盛《さだもり》の子維衡《これひら》に始まり、京都に邸宅を有し、在京活動する軍事貴族、すなわち「京武者《きょうむしゃ》」的存在であった（院政期の軍事貴族は、一般貴族とは異なる武者・武士と認識され、当時の史料では「京武者」と呼称される）。

時家が「北条介」の婿に入った経緯はわからないが、時家もまた都で活動していた京武者で、十二世紀初め頃までに伊豆の在庁官人をつとめる「北条介」の一族に婿入りして、伊豆に土着し、北条氏が成立したと考えてよいだろう。

この推測に従えば、北条氏は、十二世紀初めまで京武者の家を出自とする存在だったということができる。時政以前に分派していない北条氏は、三浦氏などのように所領を開発して、大規模な同族武士団を形成していたわけではないため、小規模な勢力として評価されてきた。しかし、時政の祖父時家に始まるのであれば、そもそものスタートが異なるのであるから、規模が小さいのは当然である。むしろ、伊豆への土着が新しく、京都の事情にも明るいことが、北条氏が勢力を拡大する上では重要だったのである。

ところで、先ほど北条氏が平直方の系譜を引くことに触れたが、この出自は東国武士団のなかでは極めて珍しい。東国における有力武士団を列挙すると、河内《かわち》源氏（佐竹《さたけ》・新《にっ》田《た》・足利《あしかが》・武田《たけだ》）・繁盛《しげもり》流平氏（常陸大掾《ひたちだいじょう》・城《じょう》・阿多《あた》）・良文《よしふみ》流平氏（上総《かずさ》・千葉《ちば》・畠山《はたけやま》・河《かわ》越《ごえ》・三浦・大庭《おおば》）・秀郷《ひでさと》流藤原氏（平泉藤原・足利・小山《おやま》）・為憲《ためのり》流藤原氏（工藤・伊東）といった十世紀以来の軍事貴族系がほとんどである。したがって、北条氏はその出自において、他の東国武士とは異なる特異性を有し、その特性は存在形態にも照合する。すなわち、北条氏は十二世紀初め頃に伊豆に根を下ろしたばかりの新来の武士の家であり、所領の広さや軍事力こそ他の武士団には劣る。しかし、在京活動で培った京都政界とのネットワークは、北条氏の強みであり、鎌倉幕府という新しい政治権力を創出し、他の武士とは一線を画した地位へと昇りつめるうえで強力な武器となったといえよう。

伊豆国北条の光景

政子が生まれ育った北条とは、どのような場所であったのだろうか。夫となる頼朝と出会ったのも、この北条の地である。

伊豆国田方郡北条（静岡県伊豆の国市）は、相模湾・駿河湾に挟まれた伊豆半島の付け根辺りにあり、山がちな伊豆半島のなかでも平野部に位置する。この平野を田方平野といい、北に三嶋大社《みしまたいしゃ》が位置し、その向こうに雄大な富士山がそびえる。東には、多賀《たが》山地と呼ばれる山々が連なり、山を越えた向こうが熱海である。南にも多賀山地から突出した台地が続いている。一方、西には静浦《しずうら》山地と呼ばれる低い山並みが続き、これを越えると駿河湾や狩野川の河口のある沼津に出る。

この田方平野の中央に位置する韮山《にらやま》に、守山《もりやま》と呼ばれる独立丘がある。北条氏の邸宅は、この守山の北の山裾に位置した。西側には天城山《あまぎさん》から北流して駿河湾へと注ぐ狩野川が流れ、東側には三嶋大社の鳥居前から、天城山を越えて下田《しもだ》にいたる下田街道が通る。さらに、鳥居前から十キロほど北を、伊豆半島の東西を結ぶ幹線道路東海道の箱根路と足柄《あしがら》路が走っている。

要するに、北条氏は、下田街道と狩野川に挟まれた場所に邸宅を構え、伊豆国の水陸交通の要衝を押さえていたのである。加えて、国衙のある三島にも近接し、坂東諸国の中でもっとも京都に近く、中央の情報を得るにも便利な場所に居住していたといえる。

北条氏邸の発掘調査

伊豆韮山では発掘調査が進み、北条氏邸に比定される遺構がみつかっている。この発掘成果によって、私たちは政子たち北条氏の生活の営みを垣間見ることができる。

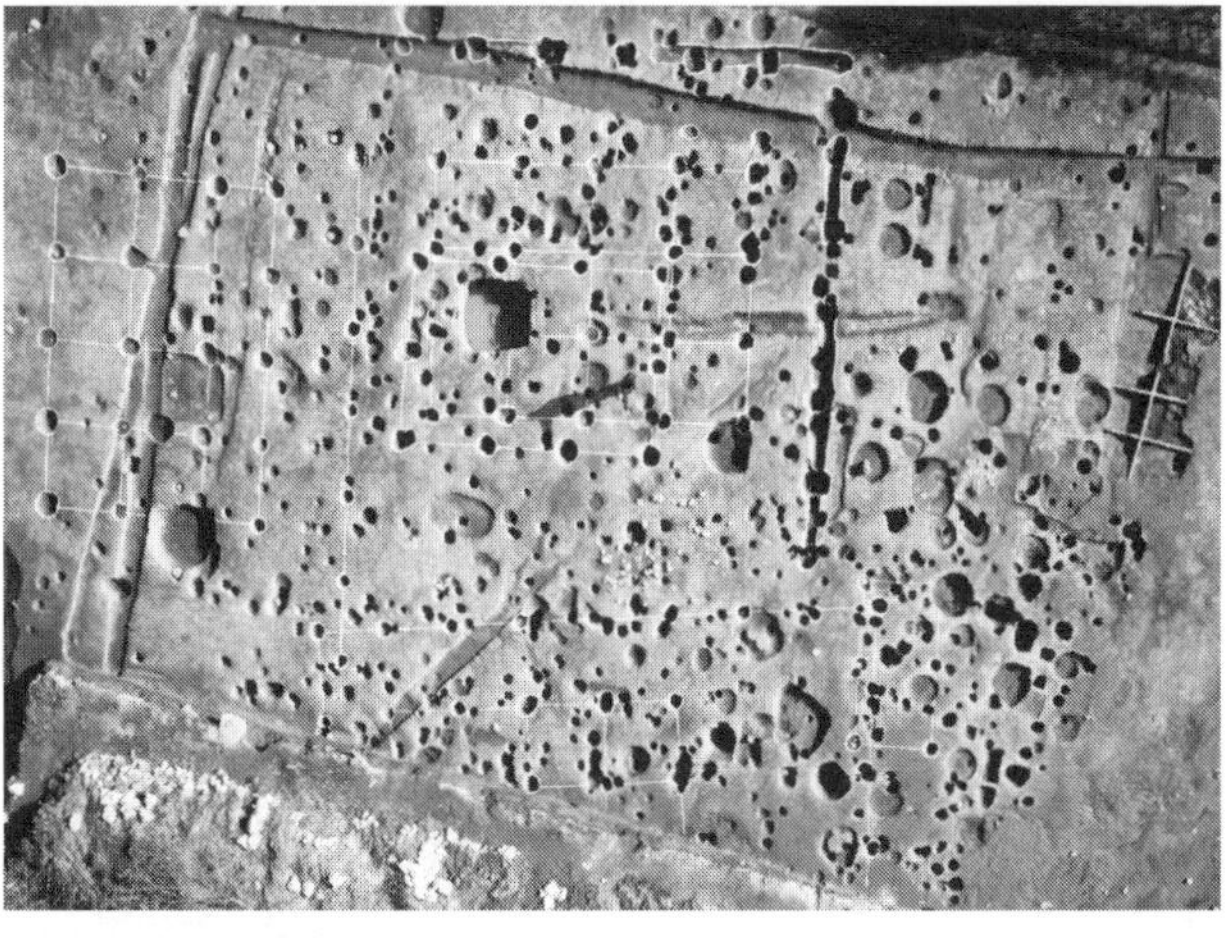

空撮した北条氏館跡の全景(上)と館跡から発掘された掘立柱建物跡(ともに伊豆の国市教育委員会提供)

まず、建物跡については、掘立柱建物（地面に直接柱を据えて建てるため、柱穴が残る）十五棟が確認され、総じて、次の四期にわたる変遷を確認できる。一期（十二世紀中～後半）には、建物跡二棟と溝や井戸があり、ここから北条氏邸跡でもっとも古いかわらけや遠江《とおとうみ》東部で十二世紀に生産された山茶碗《やまちゃわん》（釉《うわぐすり》を用いない陶器）が出土している。後半になるにつれ、建物数も七棟に増え、倉庫か厩《うまや》と思われる小型の建物跡もみられる。次第に邸宅としての機能を充実させていることが窺われる。さらに、十二世紀末～十三世紀前半に設定される二期は、もっとも多くの建物跡が確認されており、北条氏邸の全盛期といえる。逆L字形の塀によって区画され、塀の北に大型の建物二棟・小型の建物二棟、南にやや大型の建物二棟が建っていたようである。大型の建物には、約三十坪を超えるものもある。三期（十三世紀中頃）になると、建物跡もわずかとなり、四期（十三世紀後半）には土壙墓《どこうぼ》（遺骸を布などで包み小さな竪穴に直接埋葬する墓）が造られていることから、屋敷地ではなくなり、墓地に姿を変えたと推測される。

したがって、北条氏は、父時政の代からこの地に住み着き、大小の建物を組み合わせながら、計画的に建物を建てたと考えられる（以上、池谷二〇一〇）。

なお、北条氏邸跡から東へ三百メートルほどいったところに、「北条政子産湯《うぶゆ》の井戸」

と呼ばれる井戸がある。政子の産湯に使ったという伝承が残り、地元には「この井戸の水を飲むと安産になる」という信仰も伝わっている。この辺りでは発掘調査が行われておらず、伝承の域を出ないものの、もしかしたらこの辺りにまで北条氏邸が広がっていたのかもしれない。

北条政子産湯の井戸（伊豆の国市）

出土遺物から何がわかるか

次に、遺物（出土品）から暮らしの様子を探ろう。遺物については、九割をかわらけが占める。

かわらけは、『枕草子《まくらのそうし》』（第一四二段）に「清《きよ》しと見ゆるもの　土器《かわらけ》」とみえるように、清浄な器として、儀式や酒宴の場で大量に使用された素焼《すや》きの器である。吸水性に優れ、一度使うと汚れてしまうため、再利用することなく投棄された。したがって、建物跡から大量のかわらけが出土することは、そこに人の営みがあったことを示す。北条氏邸に周辺の武士が集まり、酒宴が催されることもたびたびあったのではないだろうか。

北条氏邸跡で出土するかわらけの多くは、この地域に古代から伝わるロクロ成形の技法によって作られているが、一部「京都系かわらけ」と呼ばれる手づくねのかわらけも混在している。この京都系かわらけは、京都で行われた宴会儀礼を東国の武家儀礼に応用するために必要とされたものである。京都のイメージを具現化し、東国に流入することを目的としていたため、正確な技術の伝播や継承は行われなかったと考えられている。北条氏邸跡の場合、ロクロ・手づくねともに、大きさ・胎土《たいど》（原材料の土）がほぼ同じであるため、在地の職人が見聞きした京都系かわらけを模倣し、これまでの製法を応用して製作したと考えられている（池谷二〇一八）。

この手づくねかわらけが北条氏邸跡で発掘されるのは、十二世紀末のことである。時政が頼朝を娘婿とし、牧の方を後妻に迎えるなど、京都との関係を強固にしていた時期に相当することはいうまでもない。頼朝、あるいは時政の要求によって、京都系のかわらけが北条氏邸周辺でも使用されるようになった可能性がある。

史跡北条氏邸跡から発掘された出土品。貿易陶磁(上)とロクロ成形の「かわらけ」(中)、手づくね成形の「かわらけ」(下。すべて伊豆の国市教育委員会提供)

また、大量の貿易陶磁《とうじ》の出土も目を引く。青磁《せいじ》・白磁《はくじ》といった陶磁器類の生産技術は、日本にはまだなく、中国や東南アジアから輸入するしか入手する方法はない。したがって、誰でも容易に入手できるものではなく、「威信財《いしんざい》」（権威や財力の象徴）と呼ぶべきステイタス品である。北条氏邸跡では、破片数にして一六六一点もの貿易陶磁がみつかっており、北条氏の権力や財力を窺うことができる。

なお、こうした重い陶磁器を大量に運ぶためには、陸上よりも船の方が便がよい。中国との交易によって日本に入ってきた輸入品は、太平洋岸を駿河湾まで進み、沼津で荷物を川船に積み替え、狩野川を遡って北条氏邸にもたらされたと考えられる。

この他、屋根の軒先《のきさき》を飾った軒丸瓦や軒平瓦、木製の箸（鎌倉時代の箸は現在の箸と異なり両端が尖っている）、渥美焼《あつみやき》（愛知県田原市）や常滑焼《とこなめやき》（愛知県常滑市）の壺・甕《かめ》・鉢《はち》といった国産陶器のほか、鉄鍋などの調理器具もみつかっている。壺や甕は、水・酒・食物の貯蔵に欠かせない。鉄鍋は中世から普及するようになるが、鉄製品は溶かして再利用するため、発掘事例は少ない。こうした出土品からは、わずかながら政子たちの食生活を窺うことができる。

史跡北条氏邸跡

貿易陶磁・かわらけともに出土量のピークは、十二世紀の終わり頃から十三世紀の初め頃であることが判明している。これは、建物跡がもっとも確認された時期とも重なる。まさに、時政や政子、義時が生きた時代であった。治承《じしょう》四年（一一八〇）十月に源頼朝や北条氏は鎌倉に入る。その後、政子の伊豆下向は史料上確認できないが、時政や義時は、鎌倉に入った後も、頻繁に伊豆に下向しており、文治《ぶんじ》二年（一一八六）には願成就院《がんじょうじゅいん》を建立するなど、依然として本拠地としての伊豆を重視していた。ただし、嘉禎《かてい》二年（一二三六）、三代執権となった北条泰時によって、父義時の十三回忌供養が願成就院で行われたのを最後に、『吾妻鏡』では北条の地に関する記事はみえなくなる。このことは、北条氏が本格的に拠点を鎌倉に移したことを意味し、これに伴い、北条の邸宅としての機能も縮小し、伊豆との関わりは希薄になっていくと考えられる。

ちなみに、再び北条氏と伊豆の関係が深まるのは、幕府滅亡後のことである。元弘《げんこう》三年（一三三三）五月、北条一門は東勝寺《とうしょうじ》において自害し、ここに鎌倉幕府は滅亡する。しかし、一門の女性たちは生き残り、再び本拠地の伊豆北条に戻った。子女たちを引き連れた北条高時《たかとき》の母・覚海円成《かくかいえんじょう》（円成尼）は、北条氏邸のあった場所に尼寺の円成寺《えんじょうじ》を建て、一門の菩提《ぼだい》を弔《とむら》ったという。発掘調査の結果、小さなお堂の跡や池の跡がみつかったほか、瀬戸の天目《てんもく》茶碗や仏具、茶道具など室町期の尼寺の生活の様子を伝える貴重な遺物が出土している。史跡北条氏邸跡（円成寺跡）は、北条氏の始まりの地であると同時に、終焉の地でもあった（以上、池谷二〇一〇）。

第二節　流人源頼朝との婚姻

流人源頼朝

平治《へいじ》元年（一一五九）、父源義朝《よしとも》とともに平治の乱に参戦し、平清盛《たいらのきよもり》に敗れた頼朝は、翌年の三月、遠流《おんる》の刑に処せられて伊豆へ流された。

本来、頼朝は死刑になるはずであったが、池禅尼《いけのぜんに》（清盛の継母）の嘆願によってその命を救われた。『平治物語』は、池禅尼が夭折したわが子平家盛《いえもり》と頼朝を重ね、助命を嘆願したことや、頼朝と対面した清盛が急に仏心を起こしたと記す。また、天台座主《てんだいざす》（比叡山延暦寺の貫主）の慈円が著した歴史書『愚管抄《ぐかんしょう》』（巻五）も、頼朝がとても幼く、可愛らし

源頼朝木像（甲斐善光寺蔵）

い者であったので、池禅尼が泣く泣く許しを請うて伊豆への流刑となったと述べる。なぜ池禅尼は、頼朝の命を救ったのであろうか。

おそらく、頼朝の母方の実家である熱田大宮司家《あつただいぐうじけ》→上西門院《じょうさいもんいん》→池禅尼というルートを通して、平清盛に助命要請があったと推定される。頼朝の母は院近臣《いんのきんしん》を輩出する熱田大宮司家で、待賢門院《たいけんもんいん》とその子後白河院《ごしらかわいん》・上西門院らに仕えていた。頼朝も、幼い頃より上西門院に仕えており、平治元年（一一五九）には上西門院の蔵人《くろうど》（取次や身辺の世話などを行う側近）になっている。上西門院にも、幼き頃より知っている頼朝を助けてやりたい気持ちがあったのではないだろうか。

頼朝の弟たち

この結果、頼朝は配流に処せられ、弟たちもそれに準じた。同母弟の希義《まれよし》は土佐《とさ》国へ流され、異母弟の今若《いまわか》・乙若《おとわか》・牛若《うしわか》は出家を前提に、都から近い醍醐《だいご》寺《じ》・園城寺《おんじょうじ》・鞍馬寺《くらまでら》に入った。彼らは、それぞれ（阿野）全成《ぜんじょう》・義円《ぎえん》・義経《よしつね》と名乗ることになる。

義朝の息子たちが刑を免れた背景には、貴族社会の寛刑主義《かんけいしゅぎ》も影響している。ケガレ意識が肥大化し、血の流れる斬首や、罪人をもっとも清浄であるべき天皇の住まう都に置いておくことは忌避《きひ》される傾向にあった。また、平治の乱そのものが院近臣同士の私戦という側面があったことから、義朝方の武士に対する厳しい追及はなされなかったとも考えられている。

もちろん、いくら貴族社会が処刑に寛容であろうと、戦闘員として参加した以上、清盛の命により斬首に処せられる可能性は十分にあった。ゆえに、熱田大宮司家は上西門院に協力を求めたわけだが、清盛が池禅尼の嘆願を受け入れたのはなぜだろうか。

清盛と池禅尼の関係

池禅尼は、夫の平忠盛《ただもり》との間に家盛・頼盛《よりもり》を儲けており、清盛の継母にあたる女性である。仁平《にんぴょう》三年（一一五三）に忠盛が亡くなってからは、後家（未亡人）となっている。平安後期頃より、後家は次の家長への中継ぎとして亡き夫の持つ家長権を代行し、子どもたちを監督する権限をもった。したがって、忠盛亡き後、平家一門を率いるのは総帥の清盛であるが、池禅尼は忠盛の後家で、清盛の継母という立場から、清盛に意見することもできたのである。詳しくは後述するが、頼朝亡き後、政子が将軍頼家や実朝に意見し、幕府政治に関わることができたのも同様の事情である。

ちなみに、池禅尼は応保《おうほう》二年（一一六二）に危篤状態に陥ったことが史料にみえており、応保二、三年の初め頃に亡くなったと考えるのが妥当である（佐々木二〇〇七）。頼朝の流刑からわずか二年後のことであった。

伊豆での流人生活

かくして、永暦《えいりゃく》元年（一一六〇）三月十一日、斬首を免れた頼朝は、流刑地伊豆に向けて京を出立した。最初に主として頼朝の監視役をつとめたのは、伊豆の豪族伊東祐親《いとうすけちか》であったと考えられる。東国の平氏家人《けにん》としては、清盛の私的な郎従《ろうじゅう》とみられ、平氏の東国における「御後見《ごこうけん》」といわれた相模《さがみ》の大庭景親《おおばかげちか》や平家と姻戚関係をもつ下総藤原《しもうさふじわら》氏の千田親政《ちだちかまさ》らがいた。伊豆の在庁官人をつとめる祐親も、こうした平家家人の一員であった。頼朝の流人生活は、結果的に二十年の長きに及び、十四歳から三十四歳という壮年期を流人として過ごしたのであるが、その大半を過ごしたのは伊東の地であったということになる。

頼朝は罪人であったが、その生活は、比較的自由な行動が許されていた。『源平盛衰記《げんぺいじょうすいき》』や『曽我物語《そがものがたり》』などの物語には、日課の読経のほか、近隣諸国の武士たちと狩猟にいそしみ、時には監視役の祐親の娘との恋愛を楽しむなど、青春を謳歌していた様子がみえる。伊豆の工藤茂光《くどうもちみつ》・宇佐美祐茂《うさみすけもち》・天野遠景《あまのとおかげ》や、相模の在地武士である岡崎義実《おかざきよしざね》・土肥《どひ》実平《さねひら》ら東国武士との交流もあった。

また、多くの支援者もいた。母方の熱田大宮司家をはじめ、頼朝の乳母《めのと》とその一族である比企《ひき》氏、所領を失って伊豆近辺に寄宿している武士や京下りの下級貴族、浪人・流人などが頼朝を陰に日向に支えた。三善康信《みよしやすのぶ》のように、母が頼朝の乳母の妹であったという関係から、毎月三度も使者を遣わして刻一刻と変わる京都の政情を頼朝に伝える者もいた。

頼朝は坂東の入り口たる伊豆に居ながらも、中央の情勢に通じていたとみてよい。

伊東から北条へ

長く伊東氏の監視下にあった頼朝であるが、結局、伊東の地を追われる身となった。真名本『曽我物語』は、祐親の在京中、頼朝が祐親の三女と恋仲となり、男子千鶴《せんづる》が誕生したが、都から戻ってきた祐親はこれを知ると激怒し、幼い千鶴を川の底に沈めて殺したうえ、娘を江間氏のもとに嫁がせてしまったと記す。祐親がここまで徹底した態度をとったのは、彼が平家家人であり、もし娘と流人頼朝との婚姻が平家の耳に入れば、咎めを蒙ることは避けられないと考えたからであるという。

さらに、祐親は一連の対応を頼朝が恨むことを恐れ、頼朝の命までをも奪おうと企んだ。しかし、この企みを知った息子の祐清《すけきよ》が北条氏のもとへ逃げるよう勧め、頼朝は急ぎ北条氏に助けを求めた。このとき、時政が頼朝の要請を聞き入れ、彼を保護した背景には、伊豆国の知行国主《ちぎょうこくしゅ》源頼政《よりまさ》と時政の関係があったと考えられる。

頼朝が流人生活を送った期間の大半は、摂津《せっつ》源氏の源頼政が知行国主、その息子仲綱《なかつな》が伊豆守をつとめ、ここに時政が在庁官人として仕えていた。

頼政は、大江山の鬼退治伝説で有名な源頼光《よりみつ》の子孫で、平治の乱の際には、義朝と行動をともにしていたが、二条天皇が六波羅《ろくはら》に脱出すると、清盛に味方した。この結果、都での地位を維持することができ、治承二年（一一七八）には従三位《じゅさんみ》に叙され、公卿《くぎょう》への昇進を果たした。これは清盛による推挙で、頼政が信頼を得ていたことがわかる。加えて、頼政は源氏一門の孤児を養子に迎えるなど、一門の不遇な者たちに目を掛けていた。そのうちのひとりに流人の頼朝も含まれ、在庁の時政と連携して頼朝を保護した可能性がある。平家一門ではなく、摂津源氏の支配する伊豆国の環境は、頼朝を守り、在地の人々との交流や比較的自由な生活をもたらしたのである。

なお、祐親の三女については、『曽我物語』などの軍記物語には登場するが、信憑性の高い史料や『吾妻鏡』にはみえず、実在したかどうかも不明である。八重姫というのも、伝承上の名である。ただ、伊豆の真珠院の境内には川に身を投げた八重を祀る御堂などが建てられており、八重の実在を窺わせる痕跡が残っているため、創作上の人物と一蹴することもできない。いずれにせよ、伝承の域を出ない存在である。

頼朝と政子

北条氏の保護下に入った頼朝は、政子と運命の出会いを果たす。真名本『曽我物語』には、「安元《あんげん》二年丙申年《ひのえさる》三月中半のころより、兵衛佐殿は北条の妃《ひめ》に浅からぬ御志に依て、夜々通はんとせし程に、姫君一人御在《おわしま》す。これに依て、いよいよ眤《むつ》び思《おぼ》し食《め》されければ、北条の妃も類なき契《ちぎり》となりけり」とみえ、安元二年（一一七六）三月半ばの頃より頼朝が政子のもとに通い、女子（長女の大姫《おおひめ》）が誕生したという。すでに頼朝が伊豆に流されて十六年が経とうとしていた。ときに頼朝三十歳、政子二十歳である。

ただし、二人の婚姻は、そう簡単には実現しなかったようである。『源平盛衰記』によれば、都からの帰路で二人のあいだに恋が芽生えたことを知った時政は、平家の威勢を恐れ、政子と伊豆の目代《もくだい》（代官）山木兼隆《やまきかねたか》の縁談を進め、強引に政子を山木邸に嫁がせたという。しかし、政子はこれを拒否し、山木邸を脱すると、夜道を駆けて、頼朝と伊豆山《いずさん》で落ち合った。伊豆山権現《ごんげん》は、武力を有する治外法権的な霊場であったため、時政も容易に手を出すことができず、結局二人の仲を黙認したという。

この「愛の逃避行」の話は、非常にドラマチックではあるが、政子と兼隆の婚姻については物語上の創作である。兼隆が伊豆の山木郷に流されたのは、治承三年（一一七九）正月のことで、目代に起用されたのは治承三年の政変後、伊豆の知行国主が源頼政から平時忠に代わった後である。したがって、政子と頼朝が親密になった安元二年（一一七六）頃にはまだ兼隆は伊豆に流されていない。

ただ、時政が当初二人の婚姻に反対した可能性はある。この時代、結婚には女性の親が決める場合と当人同士の恋愛から始まる場合の二つがあったが、女性の男親の承認を得てはじめて成立する点では共通している。したがって、時政の承認を得なければ、頼朝と政子の結婚は社会的に認められない。八重との一件が事実であれば、時政も愛娘が八重の二の舞になることを恐れ、すぐに二人の仲を引き裂こうと考えたであろう。『吾妻鏡』には、のちに政子が頼朝に対し、「伊豆で貴方と親密な関係になったけれども、北条殿（時政）が時宜《じぎ》を恐れ、私を引き籠めました。それでも、私は貴方を慕って闇夜をさまよい、雨を凌いで貴方のもとに参りました」と語ったとみえ、婚姻を反対された政子は抵抗したようである。先にも触れた通り、頼朝は頼政と時政の連携のもとに保護されており、時政も平家の存在を気にかけつつも、最終的には婚姻を認めたのであろう。

いずれにせよ、頼朝と政子が結ばれたのは事実である。反対を押し切った末の婚姻であったのならば、政子は情熱的・主体的な女性であったということができる。親権が絶対の中世において、政子は頼朝を選び、自らの人生を切りひらいた。そして、政子のこの選択が、北条氏を歴史の表舞台へと導くことになる。

第三節　鎌倉入部

頼朝の挙兵と祈りの日々

治承四年（一一八〇）八月十七日、源頼朝はついに挙兵する。北条氏は、一族を挙げて頼朝に協力した。その理由は、東国に坂東武士の新しい政権を作るなどという壮大なものではなく、平家家人に権益を奪われ、一族が存続の危機に瀕していたからである。

治承三年（一一七九）、平清盛が後白河院を幽閉し、院政を停止した軍事クーデター（治承三年の政変という）により、知行国主の多くが後白河や院近臣から平家一門に交代した。さらに翌年には、清盛の横暴に不満を抱いた後白河の第二皇子以仁王《もちひとおう》が兵を挙げ、参戦した伊豆の知行国主である源頼政・国守仲綱父子が敗死した。この結果、坂東諸国に目代として平家家人が派遣され、現地の平家家人と結んで国内を支配することになる。逆に、それまで院や院近臣と結んで、在庁官人として支配に携わっていた在地武士たちは、特権を失い、平家家人たちの圧力を受けることになった。頼朝に味方する北条氏をはじめ、相模国の三浦氏や上総国の上総氏は、みな平家家人によって存在を脅かされた者たちである。

頼朝自身が挙兵を決意した背景には、諸国の源氏に平家を追討するよう命じた以仁王の令旨の到着や平家による頼朝追討の動き、後白河からの救済を求める密旨などがあったと考えられる。頼朝はこうした政治状況を総合的に判断し、わずかな人数であっても、挙兵に踏み切った。そして、権益を脅かされていた北条氏は、積極的に挙兵を勧めたと考えられる。

鎌倉殿の御台所へ

頼朝の軍勢は、手始めに平家方の山木兼隆を血祭りにあげ、東へ軍を進めると、八月二十三日には平家家人の大庭景親の軍勢と石橋山（小田原市）で激突した。頼朝は百発百中の芸（弓の腕前）を披露し、奮戦したが、圧倒的な兵力の差によって大敗し、箱根の山中に敗走すると、真鶴岬《まなづるみさき》から安房《あわ》国を目指して渡海することになる。上陸後は房総半島を制圧して、上総氏や千葉氏を味方につけ、武蔵国を通って、十月六日、ついに相模国鎌倉に入った。

この間、政子は八月十九日から伊豆山の僧坊に避難し、頼朝の無事を祈っていた。石橋山で敗戦した頼朝は、乗船する前に土肥遠平《とおひら》（実平の息子）を政子のもとへ遣わしていた。九月二日、政子たちは伊豆山から秋戸郷《あきとのごう》（伊豆山の神域の隅に位置し、船着場に近い場所）に移り、身を潜めていたが、頼朝の安否は皆目知れず、悲嘆の涙にくれていた。ここに遠平が到着し、頼朝の無事を伝えた。このとき、政子は初めて頼朝の無事を知ったわけだが、渡海後の行方は不明である。悲喜こもごもの報せであった。その後、無事がわかり、稲瀬川辺り（鎌倉市長谷地区付近）の民居から日次を調整して、頼朝から数日遅れた十月十一日、鎌倉へ入った。ここから将軍御所の造営や鎌倉のまちの整備などが進められていく。そして、政子は鎌倉殿頼朝の御台所（正妻）としての日々を送ることになる。頼朝三十四歳、政子二十四歳の冬であった。

いざ鎌倉

ところで、ドラマなどでよく耳にする言葉に「いざ鎌倉」があるが、これは頼朝が鎌倉に向かう際の発言ではなく、室町後期に成立したという謡曲「鉢の木」で、主人公の佐野《さの》源左衛門常世《げんざえもんつねよ》が、宿を貸した旅僧（正体は諸国行脚中の執権北条時頼《ときより》）に対して語った「鎌倉におん大事出《い》で来《きた》るならば……一番に馳せ参じ着到に付き」という言葉を出典とする。
したがって、騒動が起こった際に諸国の御家人が鎌倉に召集されたことを表すわけだが、この言葉は重要な史実を伝えている。すなわち、鎌倉では騒動が頻発したこと、またいざ鎌倉に一大事ありと聞けば、諸国の御家人は先を争って馳せ参じ、幕府の着到状（出席簿）に姓名を記録して恩賞を期待したことである。このようなことは鎌倉時代特有のことで、他の時代にはあまりみられない。だからこそ、「いざ鎌倉」という言葉は現在まで残っていると考えられる。

一大事ありと聞いて、御家人たちが鎌倉に駆けつけた記事は、『吾妻鏡』に散見するが、もっとも多いのは、鎌倉中期の北条時頼（義時の曽孫）の時代である。宮騒動や宝治《ほうじ》合戦を勝ち抜き、北条氏専制政治への道を開いた時頼の時代は、いつ何が起こるかわからない不安定な社会状況であったといえる。時頼と「いざ鎌倉」には深い関わりがあり、謡曲「鉢の木」は、その史実を反映しているのである（平泉一九七〇）。

頼朝の乳母・寒河尼

頼朝軍が武蔵に進もうとしたとき、頼朝のもとに駆け付けた女性がいる。頼朝の乳母《めのと》・

寒河尼《さむかわに》（網戸尼《あみどに》とも。実名は未詳）である。寒河尼は、東国武士の八田宗綱《はったむねつな》の娘で下野国《しもつけ》の在庁官人小山政光《おやままさみつ》の妻である。夫や嫡男が在京中で不在であるにもかかわらず、末子（のちの結城朝光《ゆうきともみつ》）を連れて頼朝のもとに参陣した。頼朝は寒河尼の願いにより、烏帽子親《えぼしおや》となって「朝」の一字を与え、「宗朝《むねとも》」と名乗らせた（のちに改名）。この寒河尼の行動は、北関東の武士たちの帰趨を決定づけ、それらの功績によって下野国寒河郡ならびに網戸郷の地頭職を与えられている。『吾妻鏡』は、「是《これ》女性たりと雖《いえど》も、大功有るによるなり」と記す。

この史実は、鎌倉時代の女性の地位や乳母の役割を理解するうえで、重要な示唆を与える（野口二〇一四）。すなわち、家長である夫が不在の場合、妻はその立場を代行する役割をもっていた。また、女性は地頭職《じとうしき》（荘園や国衙領に置かれた役職。警察権を中心にさまざまな権益をもつ）を得ることもでき、所職《しょしき》を含む財産権をもっていたことがわかる。

なお、寒河尼は京都で生まれ育ち、近衛《このえ》天皇に仕えていたという伝承があることから、公家的教養を身に着けており、ゆえに京都にいた頼朝の乳母に選ばれた可能性が指摘されている（米谷一九七二）。安貞《あんてい》二年（一二二八）に九十一歳で亡くなるが、頼朝と政子からも重んじられた存在であったという。

大倉御所の造営

さて、鎌倉に入った頼朝は、父義朝の邸宅があった亀ケ谷《かめがやつ》に御所を築こうと考えた。しかし、土地は狭く、岡崎義実が義朝の菩提《ぼだい》を弔うための草堂を建立していたことから、大倉の地に御所を建てることとした。奉行を任されたのは、大庭景義《かげよし》（景親の兄）である。完成までのあいだ、政子は頼朝や大姫とともに、移築した山内首藤兼道《やまのうちすどうかねみち》の邸宅に住んだ。この邸宅が選ばれたのは、平安時代の陰陽師《おんようじ》・安倍晴明《あべのせいめい》が作ったとされる火事除けの護符（札）である「晴明《せいめい》の鎮宅《ちんたく》の符《ふ》」を押しており、これまで火災に遭ったことがなかったからである。陰陽師・安倍晴明の名声は、東国社会にも伝わっていたのであろう。

十二月十二日には、大倉の御所が完成し、頼朝が有力御家人たちを従えて入御《にゅうぎょ》した。御所は南門を正門とする寝殿造《しんでんづくり》の建物である。一方、政子に関する記述はみえないが、おそらく身辺の世話をする女房たちを引き連れて御所に入ったと考えられる。真名本『曽我物語』には、政子が山木邸を脱出した際、女童《おんなわらわ》一人と女房一人を連れていたとみえている。御所に同道した女房には、伊豆時代より政子に仕える者も含まれていたかもしれない。

なお、治承五年（一一八一）四月、頼朝の近辺に伺候《しこう》し、寝所を警固する十一名に、弟の義時が「家子専一《いえのこせんいつ》」（家人の筆頭）として選ばれている。選出の条件は、弓矢が達者で、頼朝にとって気が置けない者であった。このことは、義時が歴《れっき》とした御家人として扱われるようになったこと、また武芸に優れ、頼朝の信頼を得ていたことを示す。義時の名が筆頭に記されていることは、彼がとりわけ頼朝から目を掛けられていたことを窺わせるが、本人の器量もさることながら、政子の弟であること、すなわち頼朝の義弟であることが、抜擢理由としては重要であったと考えられる。頼朝時代の北条氏は、鎌倉殿の姻戚であることを拠り所として、勢力を拡大したのである。

第四節　出産と頼朝の浮気

第二子の出産

養和《ようわ》元年（一一八二）末、政子は体調を崩し、御所中の者たちが群参した。その後の容体はわからないが、翌二年二月に、懐妊が明らかになっているところをみると、妊娠の初期症状による不調だったのであろう。三月九日には着帯《ちゃくたい》の儀が行われた。帯は東国武士の千葉常胤の妻が作ったもので、頼朝自らが帯を結んだという。夫妻にとっては、治承二年（一一七八）の第一子・大姫の誕生から（一一七九年とも）、三年以上ぶりの懐妊である。その知らせは、皆の喜ぶところであったに違いない。頼朝は安産を祈願して鶴岡八幡宮《つるがおかはちまんぐう》から由比ヶ浜《ゆいがはま》に通ずる参道（現在の段葛《だんかずら》）を築き、時政も土石を運んだという。

およそ将軍御台所の最たる役割は、その後継者を産むことであるといっても過言ではない。頼朝からの期待、そして時政をはじめとする北条一族からの期待は、計り知れぬものがあったのではないかと思われる。

頼朝の後継者問題に目を向けると、頼家が生まれるまでの間、弟の義経《よしつね》が候補となる可能性を有していたことは見逃せない。頼朝と義経は異母兄弟ではあるが、「父子の義」（『玉葉《ぎょくよう》』文治元年十月十七日条）を結んでいた。政子との間に未だ男子のいない頼朝は、義経を養子として遇したのである。幕府の将来を考えれば、致し方のないこととはいえ、政子の心中は複雑であっただろう。

待望の男子誕生

こうした事情であったから、待望の男子誕生は、喜びも一入《ひとしお》であったと想像される。同年七月十二日、政子は産気づき、兼ねてより産所《さんじょ》に決まっていた比企谷殿《ひきがやつどの》に渡った。千葉胤正《たねまさ》・同胤頼《たねより》、梶原景季《かじわらかげすえ》（景時《かげとき》の息子）らがお供し、梶原景時が御産の間の雑事一切を差配するよう頼朝から命じられたという。ただこのときは生まれず（早産の危険性があったか）、八月十一日に再び産気づいて、頼朝も産所に渡り、多くの御家人たちも集まってきた。この翌日の午後六時頃、のちに二代鎌倉殿となる男子を出産する。当時は座産で、前と後ろ両方から妊婦を支えて分娩《ぶんべん》を助けた。

出産の際には、安産のための祈禱《きとう》やまじないも行われる。このときの祈禱僧は伊豆山の専光房良暹《せんこうぼうりょうせん》と大法師観修《かんしゅう》であった。また、弓の弦《つる》を鳴らして魔物を追い祓う鳴弦《めいげん》を大庭景義ら三名、音の鳴る鏃《やじり》を射て邪気を祓《はら》う蟇目《ひきめ》（引目）役を上総広常がつとめた。出産が無事に終わると、午後八時頃には、河越重頼《かわごえしげより》の妻（比企尼の娘）が乳付《ちづけ》（新生児に初めて乳を与える儀式）のために召されている。

さらに翌日には、宇都宮朝綱《うつのみやともつな》・畠山重忠《はたけやましげただ》・土屋義清《つちやよしきよ》・和田義盛《わだよしもり》・梶原景時・同景季・横山時兼《よこやまときかね》らが護刀《まもりがたな》を献上した。彼らは、頼朝から頼家の補佐を期待された存在であったといえよう。また、御家人たちが献上した馬は二百疋《びき》あまりに及び、鶴岡八幡宮など相模国の諸社に奉納された。その使者には、父母が揃っている壮士が選ばれたという。この後、出産の夜から三日、五日、七日、九日の夜に産養《うぶやしない》という祝宴が催され、三夜を小山朝政、五夜を上総広常、七夜を千葉常胤、そして九夜を北条時政がつとめた。

こうして出産から二カ月経った頃、政子は万寿《まんじゅ》（頼家）とともに産所から御所に戻った。比企能員《よしかず》（比企尼の甥で養子となる）がとくに供え物を用意したという。

以上のように、頼家の出産に関しては、比企一族が非常に重用された。これは頼朝の乳母である比企尼とその一族を頼朝がもっとも頼りとしていたからである。ただし、頼家の乳母夫《めのと》をつとめた能員は、のちに娘の若狭局《わかさのつぼね》を頼家に嫁し、外戚の立場を得て勢力を拡大させ、北条氏と敵対することになる。

亀前事件

長男を無事に出産した政子であったが、御台所としての大役を果たしたのも束の間、頼朝の浮気が発覚する。

浮気相手は、良橋太郎入道《よしばしたろうにゅうどう》の娘の亀前《かめのまえ》という愛妾で、頼朝とは伊豆にいた頃から親しく、柔和な性格の持ち主であった。頼朝は政子の妊娠中に密通を重ね、日を追って寵愛が増したという。最初、小中太光家《こちゅうたみついえ》の小窪《こくぼ》（小坪）の宅に住んでいたが、頼朝が外聞《がいぶん》を憚《はばか》り、居所を遠くの伏見広綱《ふしみひろつな》の飯島（材木座）の家に移した。

御所に戻った後、継母の牧の方から密かにこのことを聞いた政子は憤慨し、牧の方の兄大岡時親《おおおかときちか》（牧宗親《まきむねちか》とも）に命じて、亀前の住む広綱の家を破壊させた。これは「うわなり打ち」といって、こなみ（前妻のこと）がうわなり（後妻《ごさい》のこと）に対し制裁を加える乱暴行為である。頼朝と政子は離縁したわけではないが、頼朝の寵愛が亀前にうつったため、政子がうわなり打ちを命じたのである。広綱は亀前を連れて大多和義久《おおたわよしひさ》の邸宅に逃げ込んだという。

この一件を聞きつけた頼朝は、大岡時親を連れて大多和の屋敷に駆けつけ、時親に「政子の命令に従うのはよいが、こういうことは内々に私に報告すべきだ」と責め立て、髻《もとどり》（髪を頭の上で束ねた部分）を切った。頼朝はあくまで政子の命令に従ってうわなり打ちを実行したことではなく、隠したことに対して激高したのである。

当時の人々にとって頭髪を他人に見られることは恥ずべきことであり、髻は成人男性の証でもあった。頼朝はその髻を切ることで、時親に最大限の恥辱を与えたのである。この話を聞いて、頼朝のふるまいに怒った時政は、勝手に本拠地の伊豆国北条へ帰ってしまった。時親は時政の後妻牧の方の兄であるから、親族に恥辱を与え、政子と北条一族を蔑《ないがし》ろにした頼朝への怒りを抑えきれなかったのである。

なお、『吾妻鏡』には、広綱の家を破壊し、髻を切られたのは牧宗親（牧の方の父）であったと記されているが、さすがの頼朝も年上の牧氏の家長にこのような恥辱を与えるとは考え難いため、時親の誤りであると考えられる（野口二〇〇七）。

ところで、このうわなり打ちは、気性が激しく、嫉妬《しっと》深い女という伝統的な北条政子像が形成する上で決定的な役割を担った。とくに、亀前の居所を破壊させた乱暴行為は、近世史家の注目を集め、政子が「悪女」と呼ばれる一因になっている。しかし、うわなり打ちは、平安中期から江戸初期まで長く日本社会で行われた慣習の一つであり、決して政子だけが行ったわけではない。したがって、政子の特異な個性として考えることはできないのである。

第三子の出産と二度目の浮気

長男頼家は、政子のみならず北条氏にとって待望の男子であった。先述した通り、頼朝の猶子《ゆうし》となった義経の存在を感じながらの出産であったため、政子には相当なプレッシャーがかかっていたと想像される。にもかかわらず、頼朝が他の女性にうつつを抜かしていたのだから、政子が腹を立てるのも当然であろう。何より、今後亀前との間にも男子が生まれれば、息子の脅威になる可能性がある。

鎌倉時代は、一夫一妻が基本であり、複数の女性との間に配偶関係がある場合は、正妻と妾の差がはっきりしていた。ただし、政子の場合、頼朝の血を引く男子の誕生は、鎌倉殿候補者の出現を意味する。鎌倉幕府の将来に関わる重大事だけに、政子も神経を尖らせざるをえない事情があったのではないか。つまり、頼朝の女性問題に対する政子の態度は、単に嫉妬深いといった個人的な性格に結び付けて語るべき問題ではないのである。

実際、政子が恐れていたことは、現実になっている。文治《ぶんじ》二年（一一八六）、政子は第三子にあたる女子（三幡《さんまん》）を出産するが、頼朝はこの時も大進局《だいしんのつぼね》と密通していた。しかも、同年には男子（のちの貞暁《じょうぎょう》）まで生まれている。政子としては、「もう一人男子を」という気持ちで臨んだ妊娠中に、夫が別の女性との間に男子を儲けているのだから、心中穏やかではいられないだろう。

第四子の懐妊と貞暁の出家

建久《けんきゅう》二年（一一九一）正月、大進局と男子は、頼朝から上洛を命じられる。『吾妻鏡』

によれば、その理由は「御台所《みだいどころ》殊《こと》に怨《うら》み思《おぼ》し給《たま》ふ」、すなわち政子の嫉妬によるものであったという。こうして翌建久三年五月、母子は鎌倉を去り、貞暁は京都の仁和寺《にんなじ》に入室した。のちには高野山で修行に励んだ。

しかし、なぜこのタイミングで、貞暁の上洛と出家が実行されたのだろうか。すでに誕生から六年が経過しており、この時になって政子の嫉妬心のみを理由に事が進むのは不審である。そこで、考えられるのが政子の第四子懐妊である。この年の四月に着帯が催され、八月に千幡《せんまん》（実朝）が生まれていることを踏まえると、貞暁の上洛は政子の着帯を待って実行されたとみてよかろう。これは、この時期までの貞暁が第二の鎌倉殿候補者の立場にあったことを示唆《しさ》するものである（三好二〇一六）。

長男頼家は、貞暁よりも三歳ほど年長であるが、無事に成人を迎えられる保障はなく、正妻の子に万が一のことがあれば、妾の子が跡を継ぐ可能性もあった。政子の産んだ男子が次の鎌倉殿になり得るかどうかは、北条氏の命運はもちろん、幕府の将来を左右する一大事である。頼朝や時政、そして御家人たちの期待を一身に背負い、政子は命がけで二人の男子を出産したのであった。

ちなみに、亀前の一件を政子に伝えた牧の方について、先行研究ではのちに両者が対立することから、意地悪な牧の方があえて政子に告げ口することで事を大きくしたと捉える見方もある。しかし、先述したとおり、頼朝の女性問題は北条氏、そして幕府の将来に関わる重大事である。時政の後妻として、娘を心配し、情報を共有するのは当然のことではないだろうか。推測の域を出ないが、年齢が近く、伊豆時代より苦楽を共にしてきたということもあって、当初は比較的良好な関係を築いていたのではないかと考える。

第五節　治承・寿永の内乱

富士川合戦

話は遡るが、治承四年（一一八〇）十月、頼朝と政子が鎌倉に入る一方、北条時政・義時は甲斐《かい》国に向かっていた。頼朝の命により、甲斐源氏と同盟を結ぶためである。

頼朝勢は同年八月に兵を挙げたが、その報せは京に伝わり、福原にいた平清盛の耳にも入った（『玉葉』九月三日条・『山槐記《さんかいき》』九月四日条）。清盛は、反乱を鎮圧すべく、孫の維盛《これもり》を大将軍とする追討軍の派遣を決定する。頼朝は、この追討軍を迎え討つわけだが、勝利を収めるためには、地理的に京と鎌倉の間に勢力を有する甲斐源氏との連携が不可欠であった。

実際、反乱軍の主力となったのは、頼朝軍ではなく、甲斐源氏（総指揮官は武田信義《たけだのぶよし》）であった。京都の貴族九条兼実《くじょうかねざね》の日記『玉葉』にも、富士川合戦における反乱軍の中心は甲斐源氏であったとみえ、頼朝の名はみえない。

甲斐源氏とは、新羅三郎義光《しんらさぶろうよしみつ》を祖とする一族で、北巨摩《きたこま》から中部を押さえた武田信義・一条忠頼《いちじょうただより》父子、東郡《ひがしごおり》の安田義定《やすだよしさだ》、西郡を押さえた加賀美遠光《かがみとおみつ》の三つの勢力に大別することができる（秋山二〇〇三）。このうち、加賀美氏の系統は在京しており、合戦で活躍したのは、総指揮官の武田信義と安田義定である。

甲斐源氏と同盟を結んだ北条父子は、十月十三日、二万騎を率いて駿河へ向かい、十四日駿河・甲斐の国境に近い鉢田において駿河国目代の橘遠茂《たちばなのとおもち》、長田《おさだ》入道以下の平氏家人二～三千騎と激突し勝利する（鉢田合戦）。十六日、維盛率いる追討軍が駿河国高橋宿に到着したが、すでに前衛部隊は壊滅し、維盛軍を恐怖の底に落とした。

一方、頼朝は同日に鎌倉を発し、十八日、黄瀬川《きせがわ》に到着したが、その過程で、相模の波多野義常《はたのよしつね》を追討して自害に追い込み、追討軍への合流に失敗し、降参してきた大庭景親を捕らえ、上総広常に身柄を預けたあと、景親の兄景義に命じて処刑した。さらに、同じく追討軍への合流に至らなかった伊東祐親を捕らえ、娘婿の三浦義澄に預けた。のちに祐親は、義澄の計らいによって政子の第二子懐妊による恩赦を受けたが、これを潔しとせず自害して果てたという。かくして、挙兵の当初、頼朝の行く手に立ちはだかった平家家人たちは、ことごとく亡き者となったのである。

黄瀬川到着の日の夜には酒宴が催され、北条父子は伊豆・相模の武士とともに、これまでの労をねぎらわれ、頼朝から馬や直垂《ひたたれ》などを賜わった。二十日、頼朝軍は甲斐源氏とともに陣を布き（平家は富士川の西岸、甲斐源氏・頼朝は東岸）、その夜、甲斐源氏が背後から追討軍を討とうと密かに動いたところ、水鳥が起ち、突如追討軍が撤退。戦わずして勝利した。この結果、平家政権の権威は失墜し、源平の内乱は全国に拡大する。

義経との対面

上洛を諦めた頼朝は鎌倉に戻るが、途中、黄瀬川駅《きせがわのしゅく》（静岡県沼津市）で義経と感動の対面を果たす。頼朝と義経は、腹違いの兄弟で、ひと回りもの年齢差があった。頼朝が義経の来訪を喜んだのは、義経が平泉の藤原秀衡《ふじわらのひでひら》の支援を受けて加勢したからである。このとき、義経は頼朝と「父子の義」、すなわち猶子《ゆうし》関係を結んだと考えられる（上横手二〇〇四・元木二〇〇七）。

先述したとおり、この父子の契りにより、義経が場合によっては頼朝の後継者となり得る立場を手に入れた。頼朝と政子のあいだには、未だに男子が生まれていなかったから、義経が次の鎌倉殿になる可能性もあったのである。北条氏は、表向きは義経の来訪を喜びながらも、その心中は複雑であったに違いない。頼家が誕生したのは、およそ一年半後。寿永《じゅえい》元年（一一八二）八月のことである。

平清盛の死と木曽義仲の上洛

治承五年（一一八一）閏《うるう》二月には、平清盛がこの世を去り、後継者の宗盛《むねもり》が後白河院に政権を返上した。これにより、後白河院政が復活し、平家政権は消滅するが、宗盛は源氏追討の継続だけは譲らなかった。清盛が頼朝の首を必ず墓前に供えるよう遺言したからである。しかし、院の命令を蔑《ないがし》ろにした宗盛は、後白河や貴族たちを敵に回す。清盛の死によって、源平の争乱は平家の強行する私戦へとその性格を変えた。

頼朝の敵対者は、平家だけではない。頼朝挙兵の翌月、源（木曽）義仲《よしなか》もまた反乱軍として信濃《しなの》で兵を挙げた。当初、上野国《こうずけ》（群馬県）に進出したが、頼朝との衝突を避けて息子の義高《よしたか》を人質として差し出し、北陸に向かっている。嫡男を人質として差し出しているわけだから、頼朝と義仲の優劣は明らかである。ただし、義仲は以仁王《もちひとおう》の遺児北陸宮《ほくりくのみや》を擁しており、上洛すれば頼朝との上下関係は逆転する可能性があった。

なお、義高を預かった頼朝は、長女大姫の許婚《いいなずけ》とした。ときに義高十歳、大姫五、六歳である。おそらく、身の回りの世話の差配などは政子が行ったと考えられるが、周知の通り義仲の死後、義高は命を奪われ、大姫は心を病んでしまうことになる。

寿永二年（一一八三）五月、義仲軍は越中《えっちゅう》の倶利伽羅峠《くりからとうげ》、加賀《かが》の篠原《しのはら》で平家方に圧勝すると、勢いのままに同年七月には上洛を果たし、平家を都落ちに追い込んだ。

義仲の入京後に行われた院御所議定《いんのごしょぎじょう》において、源氏の勲功は、第一が頼朝、第二が義仲、第三が源行家《ゆきいえ》であった。後白河や貴族たちからすれば、後白河救済の旗印をいち早く掲げたのは頼朝であり、義仲や行家は頼朝の代官にすぎなかったのである。しかし、勲功については、義仲がこの決定に抵抗したことで、頼朝の恩賞は見送られた。

皇位選定をめぐる義仲と後白河院との対立

さらに、都では義仲と後白河との溝が深まる問題が起こる。義仲が皇位選定権に介入したのである。院政というのは、王家の家長である上皇が天皇の人事権を完全に掌握することで、確立した政治体制である。基本的に天皇の即位を決定するのは、天皇の父、祖父などの直系尊属にあたる上皇のみに許された。したがって、安徳天皇が平家と共に西国へ赴き、都に天皇が不在となった今、次の天皇を選定するのは、後白河院その人に他ならない。後白河は、亡き高倉上皇の第三皇子惟明《これあきら》親王（五歳）と第四皇子尊成《たかひら》親王（四歳）、どちらにすべきか思案を巡らせていたが、ここに義仲が介入し、北陸宮の践祚《せんそ》（即位）を訴えた。この宮は、以仁王の戦死後、京を脱し義仲が匿っていた男児で、義仲は北陸宮の擁立を最大の目的として上洛したのであった。

しかし、皇位選定権は院政の根幹をなす重大な権限であるだけに、後白河は激怒した。最終的に、皇位の問題は後白河の思い通りになったが、その権限を侵害したことによって、両者の関係は修復不可能となった。なお、このとき皇位についた尊成親王こそ、のちに承久《じょうきゅう》の乱を引き起こす後鳥羽《ごとば》天皇である。

義仲とも決裂した後白河は頼朝を頼り、上洛を切望していた。十月には、上洛の前提として、頼朝を従五位下《じゅごいのげ》に復帰させ、十月宣旨《せんじ》を下している。この結果、頼朝は謀反人の立場を脱し、挙兵以来、実質的支配下に置いていた東海道・東山道諸国の国衙指揮権、すなわち事実上の東国支配を認められた。ただし、この宣旨の効力は、諸国に新たな受領《ずりょう》が補任《ぶにん》されるまでの一時的なものにすぎず、北陸道の支配権は義仲の反発により認められなかった。頼朝は、再び義仲の妨害によって公的な権限を得ることができなかったのである。かくして、義仲追討の軍勢として源義経・源範頼《のりより》が遣わされた。

義仲の最期と平家滅亡

義経・範頼軍が京に迫ると、義仲は後白河院を拉致し、北陸に逃れようと画策するが失敗に終わった。結局、近江国粟津《おうみのくにあわづ》（滋賀県大津市）で討死する。『平家物語』によれば、死に場所を求めて松原に踏み込んだところ、馬の脚が田に取られて動けなくなり、そこを顔面に矢を射られて討死するという、壮絶な最期であった。享年三十一。

一方、平家との戦いは、一ノ谷や屋島の戦いを経て、最終局面の壇ノ浦の戦いを迎えた。合戦で活躍したのは、義経である。『吾妻鏡』に源氏方として名がみえるのは、義経とその配下のみであり、東国武士たちは、水上戦には不慣れなこともあり、陸上を固めてい

現在の関門海峡に位置する壇ノ浦古戦場（山口県下関市）

たようである。
　さて、平家方の敗戦が濃厚となると、清盛の後家平時子《ときこ》は、三種の神器のうちの宝剣を腰に差し、神璽《しんじ》（八尺瓊勾玉《やさかにのまがたま》）を脇に挟み、安徳天皇と共に投身した。享年六十。生け捕りになる選択肢もあるなか、率先して入水することで、平家一門に手本を示したのである。時子に続いて、建礼門院《けんれいもんいん》（平徳子、時子の娘・安徳天皇の母）ら女官たちも次々と入水した。清盛亡き後の時子が後家として総帥の宗盛を見守り、一門の精神的支柱となっていたことが窺われる。その後、神器の捜索が行われたが、ついに宝剣だけは発見されなかった。時子は一門を苦しめた頼朝と後白河に対し、彼らがもっとも欲した三種の神器を道ずれにすることで、最期に一矢報いたのである（近藤二〇〇五）。

神器は、王権の正統性を可視的に表すシンボルであり、天皇の行う朝儀においても必須のものである。したがって、宝剣を失った後鳥羽天皇は、歴代の天皇に比してコンプレックスがあったといわれる。この「神器不帯コンプレックス」は、後鳥羽に正統な治天《ちてん》の君たることを過剰に意識させ、やがて義時追討を全国に命じた承久の乱の遠因となった（谷二〇〇八）。時子の決死の一撃は、後々まで朝廷と幕府双方を苦しめることになるのである。

勝長寿院供養

頼朝が平家滅亡の報を耳にしたのは、勝長寿院《しょうちょうじゅいん》（南御堂《みなみみどう》）の柱立《はしらだて》（棟上）の儀に参加しているときであった。義経からの報告書を手に取ると、鶴岡八幡宮の方角を向いて座り、まったく言葉を発しなかったという。平治の乱から二十五年後の所願成就であった。

この勝長寿院は、父義朝の菩提を弔うために創建された寺院で、鶴岡八幡宮・永福寺《ようふくじ》と並んで鎌倉顕密仏教界の中核的な寺院であった。のちには実朝や政子自身も葬られており、源氏将軍家の氏寺ともいえる寺院である。晩年の政子が暮らした場所でもあるため、詳しくは第三章で論じたい。

さて、ここで御台所の役割である寺社への参詣についても触れておく。『吾妻鏡』には、政子が頼朝とともに鶴岡八幡宮・勝長寿院・永福寺といった寺社に参詣し、祭祀に参加する様子が散見する。この祭祀は、幕府の公式な行事であり、頼朝とともに参加することに意味があった。将軍のもつ祭祀権を補完する役割を果たしていたといえよう。

とくに文治元年（一一八五）十月の勝長寿院の落慶供養では、堂を中心に左右に仮屋が建てられ、左に頼朝、右に政子が座っており、頼朝と並ぶ御台所としての立場を御家人たちに可視的に示す演出がなされている。

第六節　奥州合戦と永福寺・願成就院の建立

奥州合戦

平家滅亡後、頼朝と義経の関係は悪化の一途をたどり、都を追われた義経は平泉にたどり着く。奥州藤原氏を警戒し、攻撃の糸口を探していた頼朝にとって、義経の平泉亡命は、絶好の機会となった。文治《ぶんじ》五年（一一八九）、朝廷に謀反人の義経および彼を匿った藤原泰衡《やすひら》の追討宣旨の発給を要請すると、宣旨の到着を待たずして鎌倉を進発した。七月から八月にかけて、軍勢は、白河関を越えて、陸奥国阿津賀志山《むつあつかしやま》に至り、泰衡の異母兄藤原国衡《くにひら》軍と合戦に及んだ。勝利を収めた頼朝軍は、平泉に侵攻するが、ここで家人の裏切りによって討ち取られた泰衡の首と追討宣旨が届く。こうして目的を達成した頼朝は、数日のあいだ平泉に滞在して無量光院《むりょうこういん》などを見学したのち、鎌倉に戻った。

この間、政子は女房たちを連れて、戦勝祈願のための百度詣《ひゃくどもうで》を行っている。ここには、夫の戦勝を祈る妻の姿だけでなく、幕府方の勝利を祈る将軍御台所としての姿をも見出すことができる。御台所政子の行動は、常に公的な性格を帯びるのである。

永福寺の建立

義経をはじめ、奥州合戦などの内乱で亡くなった人々の鎮魂のために建てられたのが、永福寺である。工事が本格的に始まったのは建久《けんきゅう》三年（一一九二）のことで、頼朝自らが現場に足を運び、御家人たちに池を掘るための人夫《にんぷ》を出させている。大力の畠山重忠が庭の大石を運んだというエピソードも残っている。

残念ながら、永福寺は室町時代に焼失し、現在は残っていない。ただし、昭和五十六年（一九八一）から本格的な発掘調査が実施され、幻の大伽藍《だいがらん》が明らかとなっている。すなわち、永福寺は二階堂《にかいどう》・薬師堂《やくし》・阿弥陀堂《あみだ》が複廊でつながり、堂の前には池が広がり橋がかけられていたことなどがわかった。頼朝は平泉で目にした毛越寺《もうつうじ》や中尊寺《ちゅうそんじ》を模した極楽浄土《ごくらくじょうど》の世界を鎌倉にも生み出したのであった。

さらに発掘調査では、堂の正面に位置する山の頂上から経塚がみつかっている。政子の関与が窺われる興味深い遺構である。詳しくはコラム[2]を参照されたい。

願成就院の建立

奥州合戦との関わりでは、伊豆にも寺院が建立されている。『吾妻鏡』によれば、北条時政が文治五年（一一八九）に奥州合戦の勝利を祈念して建立した寺院で、願成就院《がんじょうじゅいん》という。ただし、願成就院の仏像の胎内に納められていた銘札に文治二年（一一八六）に時政の依頼を受けた仏師運慶《うんけい》が造ったとみえるため、この頃には社殿も整い、北条氏の氏寺として建立されていたと考えられる。

その後、承元《じょうげん》元年（一二〇七）には時政により南塔が、建保《けんぽう》三年（一二一五）には義時

永福寺再現CG画像(湘南工科大学長澤・井上研究室制作)と発掘調査が行われた永福寺跡の現在の様子(神奈川県鎌倉市)

によって南新御堂が建立されている。さらに、嘉禎《かてい》三年（一二三六）には泰時《やすとき》によって北塔が建立され、義時の十三回忌が営まれている。現在、これらの堂塔は残っていないが、発掘調査によって塔の遺構がみつかり、永福寺のように山を背にして大きな池に臨む伽藍を有した寺院であったことがわかっている。

第四子の出産

周知の通り、政子は頼朝との間に二男二女を儲けていることから、一見、子宝に恵まれたかのようにみえるが、その道のりは決して平坦なものではなかった。すでに第一子・第二子の出産には触れたが、第三子の三幡《さんまん》（次女）は平家滅亡の翌年に、第四子の実朝（幼名は千幡《せんまん》、次男）は、後白河院が崩御し、頼朝が征夷大将軍に任じられた建久《けんきゅう》三年（一一九二）に出産している。出産時期と政子の年齢をまとめると、次のようになる。

治承二年（一一七八）　長女・大姫（政子二十二歳）　※一一七九年ともいわれる
寿永元年（一一八二）　長男・頼家（政子二十六歳）
文治二年（一一八六）　次女・三幡（政子三十歳）　※大進局が男子を出産

建久三年（一一九二）　次男・実朝（政子三十六歳）

注目すべきは、長男頼家出産後、次男実朝の誕生までに十年もの年月を要していることである。頼家出産後、政子にはもう一人、男子を産みたいという気持ちがあったに違いない。そうして授かった第三子は結果的に女子であった。しかし、先述した通り、頼朝はこのときも浮気に走っており、御所の女房である大進局との間に子どもまで作ってしまった。しかも生まれたのは、男子であったから政子の憤りは相当なものである。この男子（のちの貞暁）の生誕儀礼はすべて省略されたが、頼朝の後継者候補として遇された。これも先述した通り、この待遇が解かれたのは、政子の第四子妊娠が発覚した後のことである。第四子とはいえ、実朝を産んだ時には三十六歳を迎えており、高齢出産といってよい。この時代は、母子ともに亡くなる場合も多く、命がけの出産であったといえよう。なんとしても、もう一人男子を産むという、政子の一種の執念のようなものを感じる。また、これほど苦労して産んだにもかかわらず、子どもたちにいずれも先立たれた不幸を嘆かずにはいられない。

なお、三幡の乳母《めのと》には中原親能《なかはらちかよし》夫妻、千幡（実朝）の乳母には妹の阿波局と阿野全成夫妻が選定された。阿波局は「御乳付《おんちつけ》」とみえているから、授乳のときからの乳母であったことになる。誕生後、護刀を献上した御家人のなかには、弟の義時の名もあった。比企氏に囲繞《いにょう》された長男頼家に対し、次男実朝は北条氏に囲繞された存在であった。これは、流人時代より世話になっている比企と北条を頼朝がもっとも信頼し、今後の幕府を両一族が中心となって運営してほしいという考えの結果であるが、頼朝の死後、幕府の権力をめぐって、比企と北条は対立することになる。

第七節　初めての京都

大姫の悲劇

建久六年（一一九五）二月、頼朝は二度目の上洛を果たした。奥州合戦後の建久元年（一一九〇）に上洛したときとは異なり、今回は政子・大姫・頼家たち家族を伴っている。上洛の目的は、東大寺再建供養への列席、大姫の入内《じゅだい》工作、息子頼家を後継者として披露することにあった。政子にとって重要なのは、娘大姫のことであっただろう。大姫は、許《いい》婚《なずけ》の義高を殺され、精神的苦痛から体調を崩していた。頼朝の甥の一条高能との縁談話も持ち上がったが、大姫が拒否した。建久五年（一一九四）正月には、政子自らが二所詣《にしょもうで》（伊豆山権現と箱根権現に参詣すること）に向かったり、閏八月には義高追善のための仏事を行ったりしている。病弱な大姫の体調が回復するよう、母としてできることを必死に行っていた。

大姫の入内工作

さて、東大寺供養には、当時十六歳の後鳥羽天皇も行幸《ぎょうこう》していた。頼朝は、この若き帝王後鳥羽天皇の後宮に娘の大姫を入内させ、王家との婚姻関係を結ぶことを望んでいた。そのため、上洛中には、後白河院の皇女として権威の高かった宣陽門院《せんようもんいん》に接近を試みている。また、宣陽門院の母で、後白河の寵愛深かった丹後局《たんごのつぼね》（高階栄子《たかしなのえいし》）を六波羅邸に招き、政子・大姫と引き合わせている。この会見では、政子が前面に立ったが、このとき、具体的にどういった話し合いが行われたのかはわからない。ただ、政子としては、政略結婚ではあるものの、娘の幸せを第一に願って交渉を重ねたのであろう。

しかし、頼朝や政子の願いもむなしく、入内が実現することはなかった。建久八年

（一一九七）、大姫が亡くなったのである。頼朝や政子の悲嘆は想像に難くない。次いで、次女三幡の入内工作も進められたが、ついに娘の入内は叶わなかった。頼朝がこの世を去ったのである。

第八節　弱者の保護

静と宮菊

源頼朝は、二十年の流人生活の末、ついに兵を挙げ、鎌倉に武家政権という新しい政治権力を創出した人物である。政子は、将軍御台所として後継者を出産し、頼朝と共に鶴岡八幡宮や永福寺といった寺社に参詣するなど、その役割を果たしているが、とくに注目すべきは、不幸な武家の女性たちへの援助を怠らなかったことである（野村二〇〇〇）。

有名なのは、文治二年（一一八六）、義経を慕う舞を舞った愛妾の静《しずか》を不快に思った頼朝を宥《なだ》めたという話だろう。このとき政子は、「あなたが流人として伊豆にいた頃、父時政に反対されたけれども、私は雨の夜道を駆けてあなたの元に向かいました。また、石橋山の合戦のとき、私は独り伊豆山に留まり、あなたの安否を案じていました。これらは、静の義経を慕う今の気持ちと同じです。どうして責めることができるでしょうか」と語り、過ぎ去りし日々に想いを馳せるとともに、静に同情を寄せている。政子の説得に頼朝も納得したが、静が出産した義経の男子は、頼朝の命令で海に捨てられた。生まれた子が女子であれば助けるが、男子であれば命はないとの約束のうえ、静は出産にのぞんでいたからである。非情な決断ではあるが、父の敵である平清盛とその一族を滅亡に追い込んだ頼朝が義経の子を生かしておくはずもなかった。このときばかりは、政子の訴えも聞き入れられなかったという。

その後、静とその母親が京都に帰る際には、大姫とともに多くの宝物を持たせている。子を失った静への、せめてもの政子の気持ちであろうか。

木曽義仲の妹宮菊《みやぎく》を鎌倉に呼び寄せて養女としたこともあった。文治元年（一一八五）には、宮菊が京都で「物狂《ものぐるい》の女房」と称せられたのを憐れみ、頼朝の一族であるからという理由で「物狂」の二字を除くように指示し、鎌倉に呼んで美濃《みの》国の一村を与え、経済的支援を行った。長い戦乱のなかで、不遇な状況に追いやられた女性たちに心を寄せ、彼女たちが生活に困らぬよう目を光らせていたのである。

また、義仲の息子で人質として鎌倉に来ていた義高が頼朝に殺害された時には、深く悲しみ、殺害にあたった堀藤次親家《ほりとうじちかいえ》に、たとえ頼朝の命であっても、許嫁《いいなずけ》の大姫に知らせずに殺害したのは許されざる行為であると怒った。娘を傷つけられた母政子の怒りは凄まじく、頼朝は直接手を下した親家の郎従《ろうじゅう》を梟首《きょうしゅ》にせざるをえなかった。

頼家の遺児たち

こうした親族の女性たちへの配慮は、頼朝亡き後も、政子の生涯を通して行われた。長男頼家の死後、息子の公暁《こうぎょう》（かつて「くぎょう」と呼ばれていたが、最近の研究では「こうぎょう」と読んだ可能性が高いとされている）は鎌倉殿実朝の猶子となり、鶴岡八幡宮の別当の座を与えられた。頼家の娘の竹御所《たけのごしょ》は、実朝の御台所（坊門信清《ぼうもんのぶきよ》の娘、西八条禅尼《にしはちじょうのぜんに》）の猶子となった。これらは、いずれも政子の命令によるものである。

また、次男実朝の暗殺後、出家して京都に戻り、亡き夫の菩提を弔う道を選んだ西八条禅尼に所領を与え、経済的に支援している。その他、縁辺の娘たちの縁組にも積極的に関わっている。

養子・縁組の斡旋にも明らかなように、政子は源氏将軍家の中心にあって、人と人とをつなぐ役割を果たしていたといえる。これは将軍御台所として社会的に求められた役割であったが、その背後には政子個人の弱者への配慮を看取することができよう。

加えて、政争のなかで不遇に追いやられた弱者に支援の手を差し伸べることで、恨みの負の連鎖を断ち切ることに貢献した部分もあったのではないだろうか。結果的に、公暁は父の敵として実朝を暗殺するが、このような悲劇を未然に防ぐため、政子は猶子関係を結ぶよう命じ、鎌倉宗教界のトップである鶴岡八幡宮の別当の職さえ用意したのである。こうした将来を見据えた政子の配慮により、未然に防がれた事件もあったかもしれない。頼朝は生前、多くの人命を奪い、その配偶者や親族を不幸に陥れた。敗者への恩情は、政子のいわゆる「内助の功」といってもよいのではないだろうか。

慈悲深い政子

ここで紹介してきた不遇な親族を保護する政子の姿は、従来語られてきた嫉妬深く、男勝りで、冷酷な政子像とは、随分異なる。史料からは、時には頼朝に意見してでも弱者に寄り添う、慈悲深い政子が浮かび上がってくる。そして、将軍御台所として、母として、その役割を果たすことで頼朝を支え、家族の幸せのために心を砕いていた様子が伝わる。

しかし、最愛の夫頼朝の急死によって、政子はいよいよ政治にも深く関わるようになっていく。政子は、頼朝が遺した鎌倉幕府を守り抜くという重責を背負うことになったのである。

コラム1　政子ゆかりの手箱

かつて北条政子が所持したとされる手箱が存在した。鶴岡八幡宮に奉納された古神宝のひとつ「沃懸地《いかけじ》籬菊《まがきにきく》螺鈿《らでん》蒔絵《まきえ》手箱《てばこ》」、通称「北条政子手箱」（以下、手箱と略す）である。

鶴岡八幡宮の寺伝によれば、後白河院から源頼朝に対して硯箱《すずりばこ》（国宝・籬菊螺鈿蒔絵硯箱）とともに下賜《かし》され、鶴岡八幡宮に奉納されたという。

しかし、その原品は現存しない。冒頭で「存在した」と記したのは、そのためである。明治六年（一八七三）、手箱はウィーン万博博覧会へ出展するため海を渡ったが、帰国の途、船が伊豆沖にて座礁し、失われてしまった。

では、手箱を知る手がかりは全く失われてしまったのかというと、そうではない。今は、手箱とその内容品を記録した図巻「籬菊螺鈿蒔絵手箱図巻」が、かつての姿を伝えている。本作には手箱の寸法や模様が詳細に描かれおり、蓋《ふた》の表と箱の側面に籬《まがき》や菊花、小

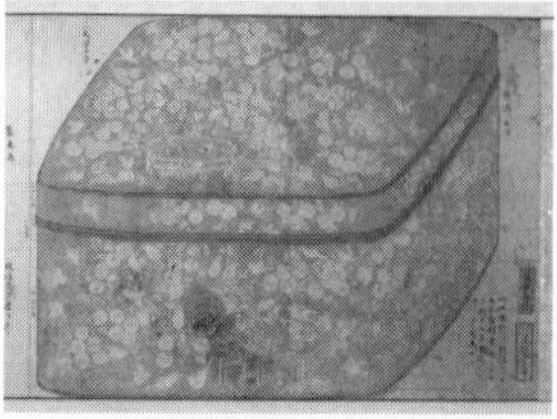
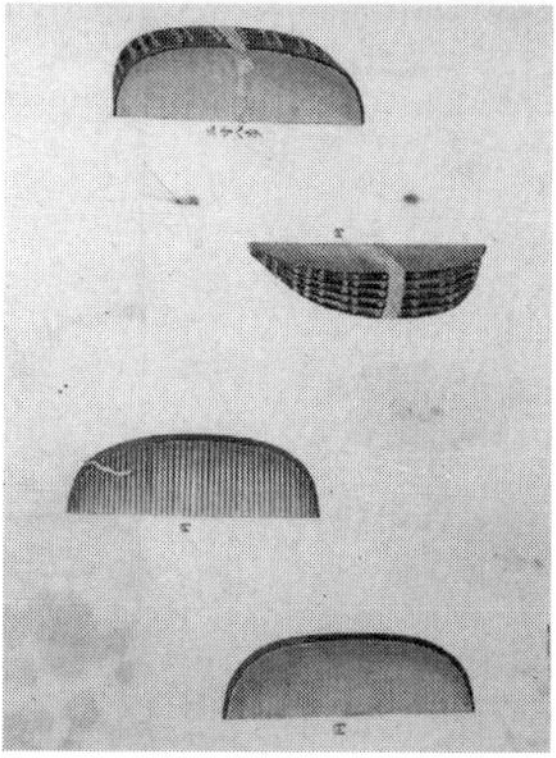

「籬菊螺鈿蒔絵手箱図巻」より手箱（上）と櫛（鎌倉国宝館蔵）

鳥たちが螺鈿《らでん》によって表現されていたことや、半月形の櫛《くし》、鏡のほか、金と螺鈿が施された小箱などが納められていたことがわかる。

この手箱図は、江戸時代（文化～天保年間）に制作され、その後、徳島藩主蜂須賀《はちすか》家に伝来していた。蜂須賀家は、各地に伝わる武具や絵図類の模写収集を行っており、本作もその過程で制作されたと考えられる。

手箱が失われた後、漆芸家の植松包美《うえまつほうび》（一八七二～一九三三）は、蜂須賀家よりこの手箱図を譲り受け、手箱の復元に着手、大正三年（一九一四）に完成した。その後、手箱図は個人の手を経て、鎌倉国宝館に渡り、現在に至る。

さらに、平成八～十一年（一九九六～九九）には、源頼朝没後八百年記念事業として、鶴岡八幡宮が人間国宝の漆芸家・北村昭斎《きたむらしょうさい》に制作を依頼し、復元模造品が作られた。

筆者は、職務上、手箱の複製品を間近で目にしたことがあるが、見る角度によってさまざまな色に光り輝く螺鈿は息をのむ美しさであった。

国宝の硯箱、復元手箱、そして手箱図巻等は、鶴岡八幡宮の展覧会や年に一度、鎌倉国宝館で開催される「古神宝展」に出陳されることもあるので、ぜひ実物をご覧いただきたい。

ちなみに、櫛には大小さまざまな形があるが、政子が埋めさせた可能性のある永福寺《ようふくじ》経塚《きょうづか》からも、手箱図に描かれたものと同様の形をした櫛がみつかっている（コラム2参照）。これは単なる偶然なのだろうか。興味は尽きない。

第二章　頼朝の後家として

第一節　鎌倉殿頼朝の死とその影響

突然の別れ

建久《けんきゅう》十年（一一九九）正月十三日、源頼朝が急逝した。政子の妹にあたる稲毛重成《いなげしげなり》亡妻の追善のために相模川に架けた橋の供養に臨み、その帰途に落馬し、ほどなくして亡くなったという。

『吾妻鏡』は、頼朝が没した建久十年（正治《しょうじ》元年）の部分が欠巻であり、近衛家実《このえいえざね》の日記『猪隈関白記《いのくまかんぱくき》』には、飲水病《のみみず》（糖尿病）であったとみえるが、詳細は不明である。

十四歳で伊豆へと流された頼朝は、二十年もの流人生活の末、鎌倉に入り、武家政権を樹立した。鎌倉幕府の礎を築いたことは確かだが、長男頼家への将軍権力の継承や幕府の組織・機能の確立、朝廷工作など未完成のものも多く、志半ばでの死去であったといわざるをえない。十歳年長とはいえ、政子もまさかこんなにも早く夫が先立つとは思ってもいなかったであろう。御台所として、挙兵当初より頼朝を支えてきた政子の悲嘆は想像に難くない。

しかし、悲しんでばかりもいられない。夫を失った後家《ごけ》の政子には、源氏将軍家を運営し、継承していく責務が課せられた。これは、頼朝の持つ源氏将軍家の家長権が、後家の政子に移ったからである。

ここで、後家について触れておこう。読者のなかには、「後家」という単語に対してあまりよいイメージを抱いていない方もいるのではないだろうか。筆者も、ある新聞社から政子に関する取材を受けた際、「後家」は使用禁止用語であるため、「未亡人」と表記させてほしいとの相談を受けたことがある。現代社会において、後家は女性を嘲笑する言葉として認識されているからだろう。ただし、この後家に対するマイナスのイメージは、近世に形成されたものである。

もともと後家は残された子孫の意味で使用されていた用語であったが、十一世紀に入ると、夫を失った妻を意味するようになった。この背景には、「家」の成立がある。すなわち、それぞれ財産をもつ男女が夫婦となり「家」が成立すると、その家を継続させていこうとするわけだが、その際に財産や負債の相続に関する問題も発生するようになる。とりわけ夫が遺言状を残さず、先に亡くなった場合、妻は後家として遺産を管理・領有し、子女に分配する役割を果たすようになった。また、次の家長への中継ぎとして亡き夫の持つ家長権を代行し、子どもたちを監督する権限をもった。中世社会における後家の地位は相当に高く、亡き夫の代行者として「家」の中心的存在となりえたのである。

したがって、夫に先立たれた政子は、頼朝の後家で鎌倉殿（将軍）の母という立場から、源氏将軍家を統率し、幕府政治にも関与することができた。のちに政子が実質的な鎌倉殿として御家人たちに認識され、尼将軍と呼ばれた前提には、頼朝の後家であるという政子の立場が関係している。

ちなみに、後家の中継ぎ的立場は、近世に入るとなくなってしまう。この背景には、儒教的倫理観の浸透や武家社会における主従関係の強化により、相続者が男子に限られたことが大きい。また、農民社会においても男子を基本として人的把握が行われたため、女性は家を継承する相続者としての地位を失い、弱者として認識されるようになった。ここにいたって、後家は夫を失った女性一般を指すだけでなく、社会的弱者であるという意味も付加された。近世には、「行かず後家」（婚約者と生別・死別し、未亡人同様に暮らす女性。また、婚期を逃した女性のこと）という言葉も生まれているように、中世に比べ、女性の地位は低い。近世は、女性の結婚は当然であり、独り身の女性は自立しえない弱者と認識される社会であった。

夫の死と出家

頼朝は亡くなる前々日に出家し、剃髪《ていはつ》した。鬢髪《びんぱつ》の一部は、行慈《ぎょうじ》が使者となり、地蔵《じぞう》菩薩《ぼさつ》尊像の胎内《たいない》に納められ、園城寺《おんじょうじ》に渡されたという（「園城寺戒壇詰難答《かいだんきつなんどう》」京大文学部図書室所蔵）。行慈は菅原氏の出身で、頼朝の四十九日の仏事の導師をつとめ、頼朝法華堂《ほっけどう》（頼朝の廟所）の初代別当にも任じられた。また、政子の第四子（実朝）出産の際には、着帯《ちゃくたい》の時から出産まで験者《げんざ》（加持祈禱をする行者）として参仕しており、鎌倉で重きをなした天台宗寺門派の僧侶である。

頼朝の死後、政子も出家を遂げた。厳密にいうと、寺院に所属するのではなく、在俗のまま剃髪し尼の姿となったのである。戒師は厚く帰依していた退耕行勇《たいこうぎょうゆう》（栄西《ようさい》の弟子）がつとめた。ここから政子は、史料上に「尼御台所《あまみだいどころ》」と表記されるようになる。

夫と死別した妻の出家は、九世紀には始まり、中世でもその事例は数多い。例えば、後白河院が崩御した際には寵姫《ちょうき》の丹後局《たんごのつぼね》（高階栄子《たかしなえいし》）が、北条義時が死去した際には後妻の伊賀《いが》の方《かた》が出家している。ただし、中世では女性の再婚は珍しくなく、夫を失った女性が必ずしも出家するとは限らない。女性たちには再婚と、後家（夫の遺領相続）という二つの選択肢があった。

出家は、女性が再婚しないで夫の菩提を弔うことを社会的に表明し、夫から譲られた財産（遺領）の所有権を確定させることを意味した。したがって、政子は頼朝の菩提を弔うことを示し、頼朝の財産権を自身が相続することを確定させたのである。

かくして、頼朝の後家として、十八歳の頼家、十四歳の三幡《さんまん》、八歳の実朝《さねとも》の母としての政子の生活が始まることとなる。

なお、逆に、妻に先立たれた夫が出家する事例は少ない。貴族の九条兼実《くじょうかねざね》の例などが知られるが、その理由の一つとして、大病を患ったときには妻室が看病にあたるのがふさわしいとの考えがあったことが挙げられる。要するに、出家後に病に侵され、看病にあたってもらうために妻を迎えた場合、出家者の妻帯は世間の嘲りを招くことになるから、出家は避けた方がよいというわけである（平二〇一五）。

三幡の死

夫を失った政子には、さらなる悲劇が待ち受けていた。次女三幡の病死である。頼朝の四十九日の仏事を終えた建久十年（一一九九）三月ころより、三幡は体調を崩した。同月五日には、高熱を発し、危篤に陥っている。政子は鎌倉中の寺社に祈禱を命じ、名医の誉れ高い針博士の丹波時長《たんばのときなが》に往診を依頼したが、再三固辞された。三幡が日を追って憔悴《しょうすい》していくなか、臨時の使者を時長のもとに遣わし、それでも時長が固辞するようであれば、在京御家人に命令して子細を後鳥羽院に奏上するよう申し付けている。五月六日、政子の念願叶って院宣《いんぜん》により丹波時長が京都より到着し、朱砂丸《しゅさがん》が三幡に投薬され、病状は一時好転した。

時長は、褒賞として砂金二十両を賜り、北条時政や三浦義澄《みうらよしずみ》、梶原景時《かじわらかげとき》たちから、交替で饗応を受けた。源氏将軍期、鎌倉に定住する医師はおらず、将軍やその家族が不調の時には、鎌倉から使者を遣わして処方や良薬を求めていた。建久五年（一一九四）、頼朝も歯痛により良薬を求めたことが『吾妻鏡』にみえている。したがって、医師の下向は初めてのことであり、丁重にもてなしたのである。

当時、医家として典薬寮《てんやくりょう》の上級官職に就いていたのは、丹波氏と和気《わけ》氏である。政子はそのなかでも名医として知られる丹波時長に下向・往診を依頼し、後鳥羽院に対しても強硬な態度をとっている。ここには三幡が後鳥羽に入内する予定であったことも影響しているが、政子の娘に対する深い愛情も看取することができよう。

しかし、三幡の容態は悪化し、六月半ばには目の上が腫れ、時長も人力の及ぶところではないとして、これ以上の治療を辞退した。その後、在京していた三幡の乳母夫《めのと》（養育者）の中原親能《なかはらちかよし》が鎌倉に到着すると、時長は帰洛の途についた。ちなみに、時長はのちに三寅《みとら》（四代将軍の九条頼経《よりつね》）の侍医として、再び幕府と関わりもつ。医師が鎌倉に定住するようになるのも、三寅の下向以降のことである（赤澤二〇〇六）。

六月三十日、三幡はこの世を去った。まだ十四歳の少女である。三幡の死は、京都にも伝えられ、後鳥羽は弔問の使者を遣わしている。

母の嘆き

夫を亡くして半年足らずのうちに、娘までをも失った政子の悲しみは想像を絶する。しかも、大姫に続き、かけがえのない娘を二人も病気で失った。年代ははっきりしないが、京都・神護寺に残る書状には、娘を失った直後の母の心中がしたためられている。

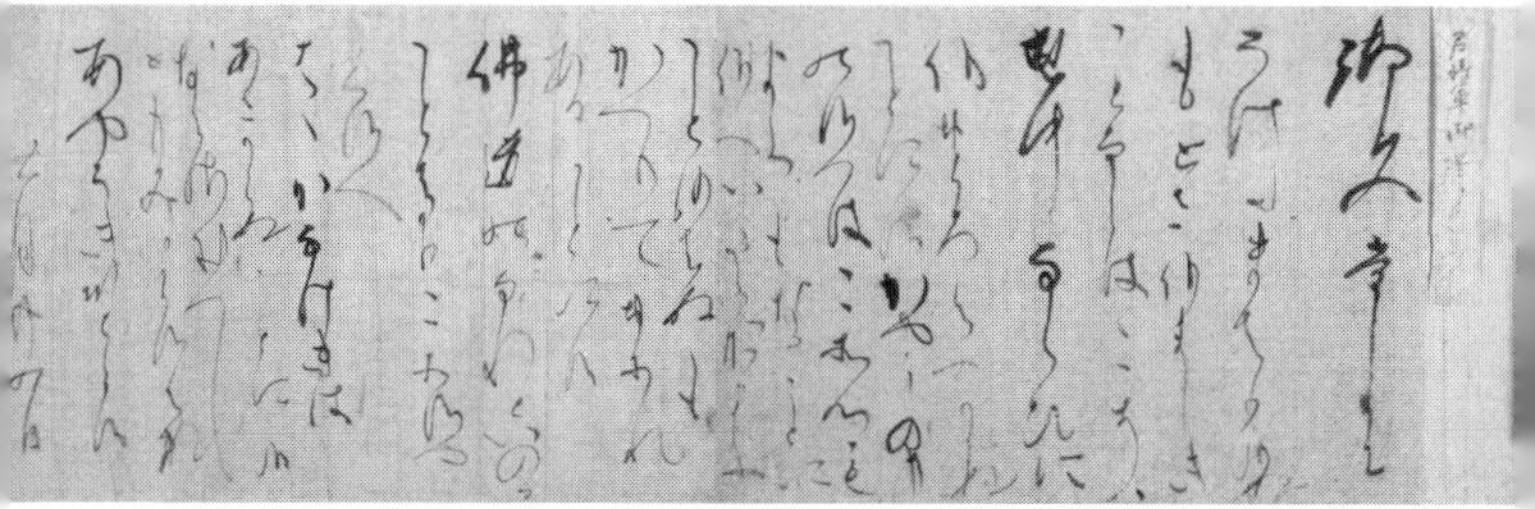

伝北条政子書状（神護寺蔵。重要文化財）

御文たしかにうけたまはり候ぬ。
もとさ候まじきことならばこそハ、世中ならひに候。
おどろくべからぬことに候。
かやうの事の候へばこそ、心もよくもなることに候へ。
いたくおもふこと候はぬも、かへりておそれあることに候。
仏道のなれといのることばかりこそ候べく候へ。
はゝがなげきは、あさからぬことに候。
なぐさむべしともみえ候はね。あやうきほとに候。

七月二十五日

わが子の死はあってはならないのは世の中の習いであるが、このようなことがあるから心もよくなるのだ。心痛く思うことがないことの方がかえって恐れ多いことであるから、仏の道の成就を祈っている。しかし、母の嘆きが浅いことはなく、慰めることはかなわないほどあやうく、心細いという。要するに、子に先立たれた母の悲しみは、仏道修行の契機になるけれども、母の嘆きは深く、癒されることはないと記す。仏道修行に精進しようとも、娘を失った悲しみから逃れることはできないという、ひとりの母の姿がそこにはあった。

第二節　二代将軍頼家と十三人の合議制

頼朝の後継者

三幡の病状悪化と並行して、政子には対処しなければならない問題があった。突然、主を失った鎌倉の動揺を鎮め、長男頼家の鎌倉殿への就任を確定させることである。

頼家は、一貫して頼朝の後継者として遇されてきた人物である。建久四年（一一九三）、十二歳の時には、初めて狩猟（富士の巻き狩り）に参加して鹿を射止め、頼朝を大いに喜ばせている。頼朝がこれほどに喜んだのは、頼家の武家の棟梁としての資質を、武家社会に広く訴えることができたからである。なお、報告を受けた政子は当然のこととして喜ばなかったというが、これはのちの頼家と政子の対立を前提とした『吾妻鏡』の創作であろう。

また、その二年後には、頼朝や政子と共に上洛し、初めて参内して御剣《ぎょけん》を賜っており、頼朝の後継者として朝廷で認知されている。このように、頼朝は頼家を嫡男として遇しており、関東においても、京においても後継者として披露している。当然、政子も頼朝の意向を承知しており、二代鎌倉殿に頼家を据えたわけである。

二代将軍となった源頼家(東京大学史料編纂所所蔵模写)

頼朝死去の翌月、頼家に対し頼朝の遺跡《ゆいせき》と家人・郎従を継承し、これまで通り、諸国を守護するよう命じる内容の宣旨が届き、鎌倉殿の立場を朝廷から公認されている。

歴史にもしもは禁物であるが、もし頼朝が長寿を全うし、鎌倉殿の座を頼家に譲り、頼家主導による幕府運営をある程度見届けることができていれば、源氏将軍が三代で途絶えることはなかったかもしれない。しかし、頼朝は急死し、まだ十八歳で政治の経験もない頼家が残された。若き鎌倉殿を、草創期より幕府を支えてきた宿老（重臣のこと）たちが補佐する政治体制が求められていることは明らかであった。

十三人の合議制

鎌倉殿頼家は父と同様、将軍独裁政治を目指し、その政治方針を引き継ぐ意思を持っていたが、御家人たちを統率し、政治を主導するだけの力も経験もなかった。そこで、頼家政権開始後、すぐに創設されたのが、いわゆる「十三人の合議制」である。二〇二二年のNHK大河ドラマのタイトルが「鎌倉殿の13人」に決まったことで、ここに選出された十三人と武家政治における合議制の画期性が、俄かに注目を集めている。

従来、「十三人の合議制」は、頼家の親裁権が停止され、独裁政治に掣肘《せいちゅう》が加えられたことから、合議を本質とする執権政治の第一歩として高く評価されてきた。しかし、近年の研究では、見直しが進んでいる。すなわち、審議の最終判断は頼家が行っていることから、頼家への訴訟の取次を十三人に限定したにすぎず、合議制が敷かれていたわけではないことが指摘されている。あくまで、年若い頼家の権力を老練な宿老たちが補完するための措置であったといえよう。

では、なぜ近年になって評価が変わったのだろうか。第一に、十三人が一堂に集まり合議したことを示す史料がない点が挙げられる。加えて中原親能は在京中、さらに同年には梶原景時が失脚、翌年には安達盛長・三浦義澄が死去しており、この体制はすぐに解体したと考えられる。

第二に、『吾妻鏡』の解釈による違いがある。「十三人の合議制」の根拠となった北条本『吾妻鏡』建久十年四月十二日条は、以下の通りである。

> 十二日癸酉《きゆう》。諸訴論の事、羽林《うりん》直に決断せしめ給ふの条、之を停止《ちょうじ》せしむべし。向《こう》後《ご》においては大少の事、北条殿・同四郎主幷びに兵庫頭広元朝臣《ひょうごのかみひろもとあそん》・大夫属《たいふさかん》入道善《にゅうどうぜん》信《しん》・掃部頭親能《かもんのかみちかよし》〈在京〉・三浦介義澄《みうらのすけよしずみ》・八田右衛門尉知家《はったうえもんのじょうともいえ》・和田左衛門尉義盛《わださえもんのじょうよしもり》・比企右衛門尉能員《ひきうえもんのじょうよしかず》・藤九郎入道蓮西《とうくろうにゅうどうれんさい》・足立左衛門尉遠元《あだちさえもんのじょうとおもと》・梶原平三景時《かじわらへいぞうかげとき》・民部大《みんぶたい》夫行政《ふゆきまさ》等談合を加え、計い成敗せしむべし。其の外の輩《ともがら》、左右《そう》なく訴訟の事を執り申すべからずの旨、之を定めらると云々。

もろもろの訴訟について、これを羽林（近衛中将《このえちゅうじょう》の唐名。頼家のこと）が直に「決断」するのをやめ、東国武士と文筆吏僚からなる十三人の宿老の合議により成敗することとし、彼ら以外の訴訟の取り次ぎを認めないと定めたという。

注目すべきは、傍線部である。訴訟については、頼家が直に「決断」することを停止した、すなわち頼家が最終的な決定を下す権限を停止したと読み解くことができる。しかし、『吾妻鏡』の別の古写本（吉川本《きっかわ》）では、「決断」ではなく、「聴断《ちょうだん》」と表記している。この場合、頼家が直に訴えを聴いて裁くことはやめ、十三人のうちの誰かが訴訟の取次を行うことにしたと解釈することができる。

近年の研究では、吉川本に従って、訴訟については宿老数名が合議し、頼家に取り次いで最終的な判断を仰ぐという体制が構築されたと考えるのが主流である。

『吾妻鏡』とは

ここで、『吾妻鏡』について触れておく。『吾妻鏡』は、鎌倉後期に編纂された鎌倉幕府の歴史書である。したがって、鎌倉幕府を研究するとき基本となる史料である。初代将軍の頼朝の挙兵から六代将軍宗尊《むねたか》親王の鎌倉追放までが記されている。書名の『吾妻鏡』とは、東《あずま》すなわち関東の歴史物語を意味する。時系列に沿って、あらゆる出来事を叙述しているが、編纂に北条氏が関わっていると考えられることから、北条氏に都合の良い曲筆もみられ、史実と物語が混在しているところがある。そのため、叙述のすべてを信用することはできず、同時代史料を用いた史料批判を加えた上で、慎重に使用しなければならない。

残念ながら、『吾妻鏡』の原本は残っていない。早くに散逸し、室町時代にはすでに入手困難となっていた。しかも全巻揃った形では伝わっていない。その後、何者かによって四十二巻ないし四十三巻まで集められた本を入手した右田弘詮《みぎたひろあき》（中国地方の戦国大名大内氏の重臣）と徳川家康が、さらに本文の収集や復元を行い、この結果、それぞれ吉川本と北条本という写本となった。

前者は山口県の吉川《きっかわ》資料館に、後者は東京の国立公文書館に所蔵されている。北条本は、原本の閲覧は不可であるが、公文書館のＨＰで全画像が公開されており、便利である。この他、『吾妻鏡』には、島津家本や毛利家本など系統の異なる諸本もあるが、善本といわれるのはこのふたつである。吉川弘文館《よしかわこうぶんかん》から刊行された新訂増補国史大系『吾妻鏡』は北条本を底本とし、和泉書院より刊行中の『新訂　吾妻鏡』は吉川本を底本としている。何れも他の写本を参照して校訂《こうてい》（底本とする写本と異本を校合すること）しているので、諸本ではどう表記されているのかを確認することができる。

史料読解では、たった一字の違いであっても、解釈はまったく異なるものになることがある。先述した「決断」と「聴断」は、その好例といえよう。

十三人を選んだのは誰か

さて、頼朝の死後、幕府では年若い頼家を十三人の宿老たちが支える体制が敷かれたわけだが、この十三人を選出した人物は誰だったのだろうか。前掲の『吾妻鏡』には、十三人の名前と定められたことしか記されておらず、誰の指示であったかは明記されない。

筆者は、この政治体制を主導した人物こそ頼朝の後家政子であったと考える。政子は父時政と相談のうえ、有力御家人たちと弟義時を選び、頼家が訴訟を裁決する際の助けとしたのではないだろうか。ここには、頼朝の急死による幕府の動揺を抑え、若くして将軍となった頼家の政権を安定させる意図があったとみられる。加えて、頼家の義父である比企能員は、鎌倉殿の外戚として権力を伸長させることが予想される。そうした比企氏の台頭を牽制する狙いもあったかもしれない。先述した通り、政子は後家として、亡き夫頼朝の家長権を代行し、息子の頼家を監督する立場にあった。ゆえに、御家人たちも、この十三人の選出を受け入れたのではないだろうか。頼家にとっても、自身の政治を助ける体制であったこと、また乳母夫《めのと》である比企能員と梶原景時が入っていたことから、受け入れやすい政策であったと考えられる。

十三人の紹介

十三人についても、簡単に触れておこう。その顔ぶれをみると、文筆吏僚と東国武士の二つのグループに分かれる。

前者は、もともと京都で下級官人《かんじん》として朝廷に仕えていた人々で、頼朝との縁で鎌倉に下向してきた者たちである。

中原親能（一一四三〜一二〇八）は在京することも多く、京都と鎌倉の窓口として活躍した。鎌倉の亀ケ谷《かめがやつ》に邸宅を有し、三幡の乳母夫もつとめた、頼朝・政子からの信頼も厚い人物である。その弟の大江広元（一一四八〜一二二五）は、政所《まんどころ》の別当（長官）を長年つとめた人物で、幕府の創設に貢献した。広元死去の翌月、政子もこの世を去っており、相次ぐ功労者の死によって幕府の屋台骨は揺らぐことになる。

政所令《れい》（次官）、のちには別当として、広元を支えたのが二階堂行政《にかいどうゆきまさ》（生没年未詳）である。頼朝と母方を同じくする縁から下向したと考えられる。朝廷の財政に関わっていた経験から、鎌倉でも幕府財政に携わった。また、外観が二階建てにみえる堂が印象的な永福《ようふく》寺《じ》の近くに邸宅を構えたことから、二階堂氏を称した。

三善康信《みよしやすのぶ》（一一四〇～一二二一）は、伯母が頼朝の乳母《めのと》であった縁から、流人時代の頼朝に毎月三回も使者を送り、京都の情勢を伝えていた。鎌倉に下向した時には出家して「善《ぜん》信《しん》」を名乗っており、文書作成や寺社関係の職務に携わった。さらに、訴訟機関の問《もんちゅう》注所《じょ》が設置されると、初代執事（長官）に就任し、幕府の組織整備に貢献した。

次に、後者の東国武士たちであるが、京文化に精通し、「武」だけでなく、「文」にも秀でた能力を持つ者が多い。元暦《げんりゃく》元年（一一八四）、平頼盛《たいらのよりもり》の帰京を見送る宴会があり、三浦義澄・結城朝光《ゆうきともみつ》・下河辺行平《しもこうべゆきひら》・畠山重忠《はたけやましげただ》・橘公長《たちばなのきんなが》・足立遠元・八田知家・後藤基清《ごとうもときよ》らが控えていたが、『吾妻鏡』は彼らを「京に馴《な》るるの輩《ともがら》」と記している。このうち、三浦義澄・足立遠元・八田知家は、十三人のメンバーであり、彼らが京文化や故実に精通した人物であったことが窺える。

安達盛長《あだちもりなが》（一一三五～一二〇〇）は、頼朝を流人時代より支えてきた側近である。頼朝に京の絵師の藤原邦通を推挙するなど、頼朝に仕える以前から、京都との関係を持っていた。建久九年（一一九九）、頼朝の死により出家するが、翌年四月、頼朝の後を追うかのように亡くなった。なお、甘縄にあった盛長の邸宅には、たびたび頼朝が訪れており、幕府成立後も、頼朝に目を掛けられていたことがわかる。

三浦義澄（一一二七〜一二〇〇）も、頼朝の後を追うかのように亡くなった武士である。相模国三浦郡で在庁官人をつとめた。息子の義村《よしむら》は和田合戦や実朝の暗殺、承久の乱と相次ぐ事件において北条氏に協力し、その勢力を強めていった。

義澄と同じく三浦一族の出身なのが、和田義盛（一一四七〜一二一三）である。相模国三浦郡和田を本拠地とする武士であった。父は杉本義宗《すぎもとよしむね》で、三浦義澄は義盛の叔父にあたる。頼朝の挙兵に義澄らとともに参加し、頼朝が安房へ脱出した後は常に頼朝に近侍してその信頼を得た。のちに御家人の統制を行う侍所別当（長官）となる。頼朝が死去し、義盛に代わって別当となっていた梶原景時が失脚すると、侍所別当に再任され、その地位を一層強固なものにした。その後は、三代将軍実朝の信頼を得、最長老として隠然たる勢力を持つようになるが、和田合戦で敗死した。

足立遠元（生没年未詳）は、頼朝挙兵以前から、源氏の家人である。京都との縁があり、文筆に長けた人物であったと考えられる。娘は院近臣《いんのきんしん》の藤原光能《みつよし》や、武士の畠山重忠や北条時房《ときふさ》（時政の子、政子・義時の弟）に嫁している。また、公文所が開設されると、中原親能ら吏僚たちとともに寄人《よりうど》に任じられている。

八田知家（生没年未詳）は、下野《しもつけ》国の有力武士宇都宮氏の出身で、常陸《ひたち》国新治《にいはり》郡八田（茨城県筑西市八田）を本拠とする。兄妹に平家や院に仕えた宇都宮朝綱《ともつな》や頼朝の乳母をつとめた寒河尼《さむかわに》がいた。兄朝綱に先んじて頼朝のもとに馳せ参じ、重用された。治承・寿永の内乱では範頼軍に従い、奥州合戦では東海道大将軍の一人として活躍している。

比企能員（?～一二〇三）は、頼朝の乳母となり流人時代を支援した比企尼の甥であったが、のちに猶子となった。比企尼を介して頼朝の挙兵に従い、その信任を得ている。第一章で述べたとおり、寿永元年（一一八二）、政子は比企氏の邸宅を産所として頼家を産み、能員の妻をはじめ、比企尼の娘である河越重頼《かわごえしげより》室や平賀義信《ひらがよしのぶ》室が頼家の乳母に選ばれた。さらに、二代将軍頼家が能員の娘若狭局《わかさのつぼね》を正妻に迎えたことから、頼家は養育者であり妻の実家でもあった比企氏を頼りとした。しかし、建仁三年（一二〇三）に頼家が重病を患い危篤に陥ると、次の将軍の選出をめぐり北条氏と対立することになる。能員は、時政から薬師如来供養を理由に名越の邸宅へと招かれたものの、そこで命を落とす。

梶原景時（?～一二〇〇）は、鎌倉の梶原を本拠とした。石橋山の合戦で頼朝の危急を救い、以来頼朝の信頼を得ると、侍所所司や厩《うまや》別当など幕府の要職についた。京都の有力貴族・徳大寺家《とくだいじけ》に仕えていた経験から、文化的な素養も高く、『吾妻鏡』は「文筆に携はらずと雖も言語を巧みにするの士なり」と評している。また、京都の公家社会の人々とも交渉があり、歌道や音曲にも通じていた。文武に秀で、頼家の乳母夫もつとめる実力者であるが、頼朝の死後、最初に没落することになる。

以上、十三人のメンバーをみてきたが、五十～七十代の幕府草創期より将軍を支えてきた御家人たちが名を連ねるなか、北条時政・義時が唯一親子で加わっていること、そして義時（このとき三十七歳）だけがひと世代若いことは、注目に値する。政子が十三人の選出に関わっていることを示唆するものである。

政子は、草創期より頼朝を支えてきた宿老のうち、侍所・政所・問注所の要職に就き、文武に秀でた士《つわもの》たちを頼家の側近として選んでいるが、実家である北条氏にも目を配り、父時政と弟の義時を加えることも忘れなかった。

十三人への選出は、北条氏にとって大江広元ら有力御家人らと協力しつつ、権力掌握を進めるための足がかりを得た一件として評価することができる（杉橋一九八一）。加えて、義時にとっては、政治家としての本格的な第一歩を踏み出した一件ともいうことができる。

政子は、後家の力を発揮することで、頼家の外戚として勢力を増す比企氏を牽制しつつ、これまで頼朝の外戚であることを拠り所として活動してきた北条氏が、頼朝亡き後も権力を拡大することができるよう差配したのである。

頼家は暗君か

頼朝の急死によって二代鎌倉殿に就任した頼家は、『吾妻鏡』では無能な人物として描かれる。しかし、鎌倉初期成立の歴史物語『六代勝事記《ろくだいしょうしき》』が「百発百中の芸に長じて、武器武家の先にこえたり」と記すように、実際は武勇に優れ、鎌倉殿にふさわしい人物であったといえる。

また、頼家の政策や幕府発給文書の検討を通して、頼家が頼朝の政治方針を意欲的に継承していたことも指摘されている(藤本二〇一四)。『吾妻鏡』は、のちに頼家を廃位し、実朝《さねとも》を擁立する北条氏の行動を正当化するために、頼家を暗君として描く必要があったと考えられる。したがって、『吾妻鏡』の描く頼家像をすべて信用することはできない。先述した「十三人の合議制」も、暗君頼家の実権を剝奪するためではなく、若き頼家をいかに支えていくかという文脈で読み解くべき一件である。

政子と頼家

政子と頼家の関係の根幹には、北条氏と比企氏の対立関係があった。

頼家は、比企尼の娘が乳付《ちつけ》、比企能員が乳母夫《めのと》を務めており、さらに能員の娘の若狭局を妻に迎え、建久九年（一一九八）には男子一幡《いちまん》が誕生していた。もっとも親身に頼家を支えたのは、比企一族だったといえる。したがって、比企氏に囲繞《いにょう》された頼家との関係は希薄であった。

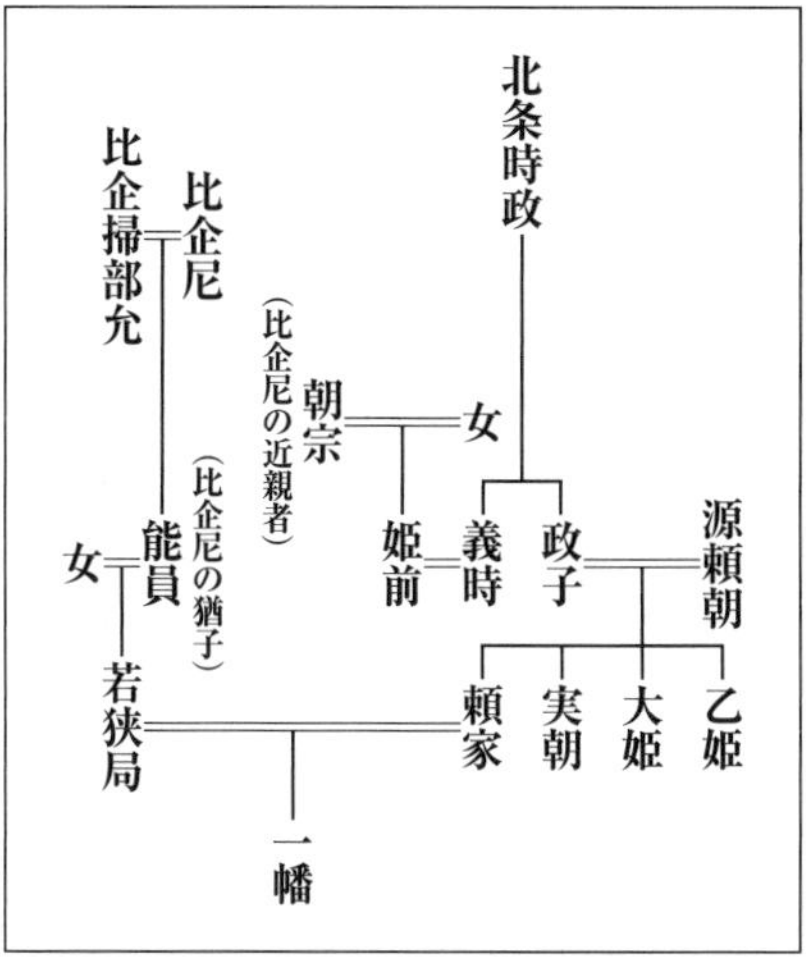

北条氏・比企氏関係系図

一方、建久三年（一一九二）に誕生した千幡（実朝）は、妹の阿波局が乳母となり、北条氏が中心となって大切に育てていた。同じように腹を痛めて産んだわが子とはいえ、千幡と接する機会は多く、その成長ぶりを間近で見守ることもできたのではないかと思われる。

　こうした生育環境は、政子と頼家のあいだに溝を作り、頼朝の死後には頼家・一幡を支える比企氏と千幡を支える北条氏の対立に発展した。ここに頼家の悲劇がある。両氏の政争に巻き込まれた頼家は、若くしてその生涯の幕を閉じることになる。

母の諫言

『吾妻鏡』に描かれる頼家の失策や愚行にあたる場面には、政子や北条泰時が登場し、意のままに振舞う頼家を諫めたり、頼家と対照的な言動を見せる形で対比させ、暗君としての頼家を印象付ける構成になっていることが指摘されている。

　したがって、政子や泰時が象徴的に登場する記事は、そのまま信用することはできない。その点を踏まえて、次に頼家の女性問題の話を取り上げたい。

　正治《しょうじ》元年（一一九九）七月、頼家は、安達景盛《かげもり》（盛長の息子）と親密な関係にあった京下りの女性を見初め、自分の手元におこうと考え、景盛を三河《みかわ》国に派遣し、その留守中に女性を連れてこさせた。その後、鎌倉に戻った景盛が頼家に愛妾を奪われたことを幕府に訴えたところ、逆に頼家が景盛の討伐を命じ、武士たちが鎌倉に集まってきた。事態を重く見た政子はにわかに景盛の甘縄邸に赴き、二階堂行光《ゆきみつ》（行政の息子）を使者として遣わして頼家を諫めると同時に、景盛に「謀反の意はありません」という起請文《きしょうもん》（神仏に誓いを立てた文書）を提出させて事を収めたという。

このときの政子の頼家に対する諫言《かんげん》は辛辣《しんらつ》である。

「頼朝様、そして乙姫（三幡）が亡くなって悲しみに暮れているところで、戦闘を好むとは何事ですか。乱世のもとです。景盛は、とりわけ頼朝様が目を掛けていた近習《きんじゅう》であり、何の取り調べもなく討ってしまえば後悔するでしょう。それでも討伐するというならば、この私がまずその矢に当たりましょう」と迫り、さすがの頼家も軍兵の派遣をとどまったという。

さらに、政子は景盛の起請文を頼家に渡す際に、

「昨日、景盛を討とうとしたことは、粗忽《そこつ》の至りです。あなたは国家守護をつとめる人物としてふさわしくありません。政治に飽き、人民の愁いを知らず、女にうつつを抜かし、人の謗《そし》りも顧みない。

また、傍に置く側近たちも賢い者たちではなく、邪佞《じゃねい》の者たちではありませんか。頼朝様は源氏一門と私の親戚である北条氏に目を掛け、常に傍に置いていました。しかし、あなたは北条を優遇せぬばかりか、官職名ではなく実名で呼んでいるから、皆、恨みに思っ

ているいと聞いています。何事にも配慮を怠らなければ、末代であっても世が乱れることはないのです」と言葉を尽くしたという。

さて、この話を、どこまで信用すべきか、その判断は難しいが、諫言の内容については、暗君としての頼家を描くための脚色が入っている可能性は十分にある。頼家は宿老たちの補佐を受けて訴訟の裁決などにあたっており、政治に飽きているとは到底思えない。『吾妻鏡』の編纂者が暗君頼家を描こうとした結果、相対的に息子を厳しく叱責する母親として政子が登場することになったのかもしれない。

政子が事態の収拾に乗り出し、頼家を諫めたとすれば、その理由はこのままでは頼家が御家人の信頼を失いかねないと判断したからであろう。母として、後家として、幕府の安泰を考えての行動であったと評価することができる。

また、「北条を優遇するように」という言葉が事実であれば、比企氏を優遇する頼家に対し、源氏一門・比企氏・北条氏を幕府の最大基盤と考え、重用してきた父頼朝の方針を継承するよう諭したのではないかと考えられる。

頼朝がもっとも頼りとしていたのは、源氏一門と妻方の北条氏、そして流人時代を支えてくれた比企氏であった。頼朝はこの三氏の連携による幕府運営を期待していたと考えられる（元木二〇一四）。源義経と比企尼の孫娘、源範頼と比企尼の孫娘、阿野全成と政子の妹阿波局、北条義時と姫前（比企朝宗《ともむね》の娘）などは、三氏の結びつきを強固にするために、頼朝の意向で結ばれた婚姻であったとみてよい。政子は、頼朝の意向を思い出させ、父のように、あらゆることに気を配るよう、頼家に説いたのである。

第三節　梶原景時の失脚と頼家の重篤

梶原景時失脚の概略

政子は頼朝後家として、母として鎌倉殿頼家を監督し、頼家は親裁権を振るいながら、幕府政治を主導していた。このような状況のなか、実朝を鎌倉殿に推す声が高まり、正治元年（一一九九）末、早くも頼家の腹心である梶原景時とその一族が滅ぼされる事件が勃発する。

『吾妻鏡』によれば、事件のきっかけは、頼朝の死を偲んだ結城朝光《ゆうきともみつ》の発言であった。朝光が「忠臣は二君に仕えずというから、出家しておけばよかった。今の政権をみると薄氷を踏んでいるかのようだ」とつぶやいたところ、景時はこの発言を頼家に対する謀反を企んでいるとして、頼家に報告した。その後、この情報を得た政子の妹の阿波局は、朝光に対し、「あなたの発言を謀反の証拠であるとして、景時が将軍頼家に讒言《ざんげん》し、あなたは討たれることになっています」と告げた。慌てた朝光は、三浦義村らに相談し、一夜にして御家人六十六名が連署する景時の弾劾状《だんがいじょう》を作成した。その内容は、「文治以降、その讒言により命を落としたり、失脚した人間は数えきれない」として、景時のこれまでの行動を糾弾するものであった。この弾劾状は、大江広元を介して頼家に提出され、梶原景時とその一族は鎌倉を追放されることになった。翌正治二年正月、梶原一族は上洛の途中、駿河《するが》国清見関《きよみがせき》で幕府の派遣した討手に襲われ、滅亡するに至る。

『愚管抄』巻六が景時の失脚を「頼家がふかく(不覚)」と記すように、景時は頼家を支える無二の重臣であったが、頼家は事態を収拾することができなかった。有能な景時は、なぜ最初に血祭りにあげられたのだろうか。

頼家派と実朝派

『吾妻鏡』をみるに、政子が景時の事件に関与していたことを直接的に示す記述はなく、弾劾状にも北条氏の名はみえない。しかし、政子の妹の阿波局（実朝の乳母）が結城朝光に景時の讒言を語り、御家人全体に波紋を広げていることから、北条氏が裏で暗躍していた可能性はある。

さらに、貴族の九条兼実の日記である『玉葉』正治二年（一二〇〇）正月二日条には、興味深い記述がある。すなわち、景時が頼家に対して、「他の武士たち」が頼家を廃し実朝の擁立を謀っている旨を言上《ごんじょう》し、景時と武士たちとは対面することとなった。しかし、すぐに景時の「謀讒《ぼうざん》」が発覚し、鎌倉を追放されることになったという。

この記事は、早くから頼家派と実朝派の対立があったことを示唆するものである（上横手一九六二）。頼家派は、頼家の外戚で乳母をつとめる比企氏や梶原氏、実朝派は乳母の阿野全成・阿波局夫妻が中心人物であろう。「他の武士たち」のなかに北条氏が含まれていた可能性は十分に考えられる。

政子自身がどれほど実朝擁立に積極的であったのか、そしていつから頼家の廃位を考えていたのかはわからない。当初から頼家にはそれほど期待していなかったのかもしれない。或いは、比企氏ばかりを優遇する姿に不満を覚えたのかもしれないが、いずれにせよ、比企と北条が相いれない以上、頼家と政子の確執も解消されることはなかった。

景時に対する不満

景時が多くの御家人から反感を買っていたことは確かであるが、御家人たちをまとめ、景時の失脚を画策した人物がいたはずである。そこで注目されるのが、伊藤邦彦氏の見解である。伊藤氏は、頼家に提出された景時弾劾状に、比企能員とその一族の若狭忠季《ただすえ》の名がみえること、また梶原氏追討の討手が能員嫡男の比企兵衛尉《ひょうえのじょう》と能員女婿の糟屋《かすや》有季《ありすえ》であることから、能員の関与を指摘している（伊藤一九九三）。

さらに、筆者は、『六代勝事記』に注目したい。すなわち、「景時と云《いう》壮士ありき。権を執り威を振ひて、傍若無人の気あり。比企の判官《はんがん》能員以下数百人の違背によりて、景時が一族を滅し」という記述である。違背した御家人の代表として能員の名を特筆する点は興味深い。『吾妻鏡』においては、能員は弾劾状に連署した六十六名の御家人のうちの一人に過ぎないが、伊藤氏の指摘するように、やはり能員が主導して梶原氏を滅ぼした可能性は高い。本来、頼家をともに支えるべき梶原氏を、なぜ比企氏は討伐する必要があったのだろうか。

景時が多くの御家人から不満を抱かれた理由として、第一に、侍所《さむらいどころ》の別当をつとめていたことがあげられる。その職務は、御家人の監視役であり、鎌倉殿の独裁を支える役割を担っていた。不審な動きがあれば、すぐに報告するのが仕事である。『玉葉』の記事にみえるように、景時は実朝擁立の陰謀もいち早く察知したのであろう。そのため、実朝の擁立を目論む北条氏と対立したと考えられる。

第二に、景時が頼家の乳母夫《めのと》をつとめたことである。頼家は比企氏の邸宅で産まれ、比企能員夫妻と比企尼の娘が乳母をつとめた。頼家が鎌倉殿になると、能員が目代・守護をつとめる信濃国の武士や比企一族の者が頼家の側近に選ばれ、次第に権力を強めている。

景時が乳母夫をつとめた時期については、『愚管抄』巻六に「これより先に正治元年のころ、一の郎等と思ひたりし梶原景時が、やがてめのとにて有けるを」とみえ、頼朝生前から引き続きつとめていたのか、あるいは正治元年頃からつとめたか、二通りの解釈が可能である。ただし、『吾妻鏡』によれば、政子が出産のため産所の比企殿に渡った際、景時は頼朝から御産の間の雑事一切を差配するよう命じられ、頼家誕生後には護刀を献上しているから、頼朝生前よりつとめていたと考えるのが穏当であろう。

頼朝の死後、若くして鎌倉殿となった頼家が父頼朝の政治方針を継承する上で、実力者であった景時の後見を期待したことは間違いない。しかし、頼家が梶原氏に目を掛けるほど、その存在は、同じく、頼家を養育してきた比企氏にとって大きな脅威となったであろう。ゆえに、比企氏は景時が実朝擁立の陰謀を察知しても、景時を擁護することはなかったのである。

以上の考察をまとめると、頼家派と実朝派という対立の構図が存在したが、頼家派は決して一枚岩ではなく、内部に梶原氏と比企氏の抗争が燻《くすぶ》っており、その結果、梶原氏が多くの御家人の標的になったといえる。

正治二年（一二〇〇）正月二十日、相模国一宮に謹慎していた景時に謀反の陰謀ありとの情報が伝わると、幕府はすぐにその追討を決定したが、このとき、討手として派遣されたのは、糟屋有季・比企兵衛尉・三浦義村・工藤行光であった。前の二名は比企氏の関係者（能員の娘婿と嫡男）、後の二名は北条氏の関係者（政子の側近と伊豆国の武士）である。これは能員と時政が梶原氏追討に関与した痕跡に他ならない。比企氏と北条氏は敵対関係にあったが、景時の権勢を危惧するという点では一致していたといえよう。

頼家との決裂

梶原景時が失脚すると、比企氏は実朝派の粛清に動き出した。建仁《けんにん》三年（一二〇三）五月、阿野全成は頼家に対する謀反の疑いにより捕らえられて常陸《ひたち》国に配流され、翌月、八田知家によって殺された。享年五十一。さらに、その子の頼全《らいぜん》も京都で討たれた。

この阿野父子誅殺事件について、先行研究は鎌倉殿頼家の命令で実行されたと考えている。しかし、『六代勝事記』には、梶原氏滅亡を述べたのち、頼家が「讒に帰して、叔父あの（阿野）、禅師を殺害し」とみえており、この頼家に讒言した黒幕こそ比企能員であったと考えられる。

しかも、全成の謀反に関する情報を聞き出すために、全成妻の阿波局を召し出すよう、頼家が政子に遣わした使者は比企時員《ときかず》（能員の息子）であった。能員の暗躍により、阿野父子は誅殺されたと考えてよかろう。

阿波局・全成夫妻は、実朝の乳母をつとめていたから、実朝の擁立を強く望んでいたに違いない。そこで、能員はこれを警戒し、頼家に讒言して阿野父子を討たせたのである。亡き頼朝のように、頼家が独裁を志向する以上、源氏一門の阿野氏を抑制することは当然であった。しかし北条氏側からすれば、全成は時政の娘婿であり、実朝派の中心人物であった。それが能員の讒言により討たれたとなれば、比企氏への報復を企てることは必定である。

そして、この一件によって、政子と頼家の不和は決定的となったと考えられる。能員の讒言によるとはいえ、頼家は阿波局の身柄まで引き渡すよう要求してきた。政子によってこの要求は退けられ、阿波局は保護されたが、比企の操り人形となった息子への落胆と怒りは相当なものがあったのではないだろうか。ここに至って、頼家の廃位もやむなしと覚悟を決めたのではないかと思う。

頼家期に入り、相次いで起こった梶原氏の滅亡・阿野父子の誅殺が、能員関与のもとに実行されたとなると、一幡の成長を待つまでもなく、北条氏にとって比企氏の存在が大きな脅威であったことは明白である。かかる状況下において時政は、比企氏を族滅する契機を窺っていたはずであり、比企氏追討は緊迫した政局下での政変であったといえよう。

第四節　小御所合戦と頼家・一幡の殺害

頼家の危篤

阿野父子誅殺事件から三カ月ほど経った建仁三年（一二〇三）八月、頼家は病に倒れた。二十二歳の青年は、悲しくも危篤に陥る。そして同月二十七日、幕府では、頼家の家督継承の問題が急浮上する。

『吾妻鏡』によれば、頼家の重病により家督継承の問題が浮上すると、北条時政主導のもと、日本国総守護職《そうしゅごしき》と関東二十八カ国の地頭職を頼家の息子一幡に、関西三十八カ国の地頭職を頼家の弟千幡に譲るという分割相続の評議が行われた。しかし、この決定に不満を持つ者がいた。比企能員である。九月二日、能員は、病床の頼家に千幡への地頭職分与は将軍権力を二分し、混乱を招くとして、時政の殺害を相談し、承諾を得た。ただし、この謀議は密かに立ち聞きしていた政子によって時政に伝わることになる。報告を受けた時政は、比企氏討伐を決意し、大江広元の邸宅に赴き協力を求めた。その後、時政は先手を打つため、能員を薬師如来像の供養を理由に名越《なごえ》邸に呼び出して殺害した。さらに、政子が義時らに命じて比企一族をも攻め滅ぼした。翌三日には、一幡の焼死が確認され、焼け跡には一幡が着用していた小袖の袖の部分だけが残っていたという。

頼家が快復したのは、事がすべて終わった後のことであった。比企一族と一幡の死を知った頼家は、時政の追討を和田義盛に命じるが、失敗に終わった。その後、政子の命令によって頼家は出家を遂げ、伊豆の修禅寺に幽閉されたという。

要するに、『吾妻鏡』では、北条氏による比企氏討伐の正当性が語られている。能員と頼家の密議を耳にした以上、時政は兵を挙げざるを得なかったというわけである。

比企と北条、仕掛けたのはどちらか

しかし、先述した通り、『吾妻鏡』には、北条氏に配慮した記述がみられる。とりわけ比企氏の乱は、時政が能員を殺害し、権力を確立するという北条氏にとって重要な政変であり、この事件に関して曲筆のあることは想像に難くない。そこで、天台座主慈円の著した歴史書『愚管抄』の記述に注目してみよう。比企氏の乱には、能員の婿である糟屋有季が参戦しており、慈円はこの糟屋氏から情報を得たと考えられている。いわば『愚管抄』は、敗者側からみた情報に基づく記述ということになる。

『愚管抄』では、流行り病を患った頼家は八月晦日《みそか》に出家を遂げ、大江広元宅で療養していた。出家後は、一幡が後を継ぎ、皆がそれを支えるだろうと考え、体調も回復してきていた。しかし、九月二日、時政は千幡こそ家督を継ぐべきだと考え、能員を傍に呼び出して、天野遠景《あまのとおかげ》に羽交い絞めにさせ、仁田忠常《にったただつね》に刺殺させた。頼家をそのまま広元邸で療養させ、刺客をやって一幡を討とうとしたが、母に抱かれて逃げてしまった。さらに、小御所に立て籠もっていた比企一族とその郎等を攻め滅ぼした。

同日、頼家は一幡が討たれたと聞くと、傍らに置いていた太刀を持ち、起ちあがろうとしたが、病み上がりのため戦うことはできなかった。政子が頼家にすがりついてなだめ、やがて頼家を護衛させて伊豆の修禅寺に幽閉した。悲しいことである。なお、一幡は母親の若狭局に抱かれて脱出したが、十一月に義時の郎等によって殺害された。

以上が『愚管抄』が語る事件のあらましであるが、『吾妻鏡』と『愚管抄』を読み比べたとき、最大の相違点は、比企と北条、どちらが先に仕掛けたのかという点である。『吾妻鏡』は、時政の挙兵を自身の命を狙われたためとするが、『愚管抄』では頼家の出家後、一幡の家督継承が決定的となり、これを阻止すべく時政がクーデターを起こしたと記している。一幡への家督継承が決定した時点で、比企氏があえて北条氏追討の危険を冒す必要はない。事の真相は、一幡を推す能員の優勢が動かし難くなったために、千幡を推す時政が能員を謀殺したということであろう。

そのように考えると、両書に相違がみえる理由、すなわち『吾妻鏡』編纂者の意図もおのずとみえてくる。まず、『吾妻鏡』は分割相続の話を詳しく描くが、これは能員に北条氏打倒の意志があったという筋書を設けるためである。

次に、頼家の出家について、『愚管抄』は乱前、『吾妻鏡』は乱後とするが、これも能員が時政殺害を計画したという筋書に整合させるためである。『愚管抄』の記すとおり、乱前には出家を遂げ、一幡の家督継承が確定したと考えるべきであろう。

さらに、頼家の療養場所について、『愚管抄』が大江広元邸としているのに対し、『吾妻鏡』は明記しない。おそらく、叙述の流れから大倉御所と考えられる。『吾妻鏡』が、広元邸での療養を記さないのは、以下のような編纂意図であろう。すなわち、頼家が広元邸にいた場合、能員と頼家の謀議を政子が立ち聞きしたり、広元邸に時政が赴いて比企氏追討を広元に相談したりするという重要な場面を描くことができない。したがって、『吾妻鏡』にみえるこれらの挿話は、曲筆の可能性が高い。また、能員と頼家の謀議を時政に伝え、比企氏追討を決意させる役割が政子に託されたのは、頼朝の後家である政子を登場させることによって、時政の行動を正当化する意図があったのであろう。

最後に、一幡の死去についても、両書では時間差がある。『吾妻鏡』では、一幡は乱の当日に焼死したとする一方、『愚管抄』では二カ月後に討たれたことになっている。

先行研究では、『吾妻鏡』にみえる一幡の死亡記事について疑問視していない。しかし、『愚管抄』に従えば、一幡は比企氏滅亡後、二カ月ものあいだ生存していたことになり、この相違点は注目に値する。したがって、一幡存命という事態を踏まえて、千幡の擁立過程を考察する必要がある。

なお、仁田忠常（『鎌倉年代記裏書』・『保暦間記《ほうりゃくかんき》』によれば、一幡の乳母夫であった）とその一族は、乱後、大倉御所において義時と戦い、討たれている。忠常は、比企能員の殺害には賛同し、時政に協力したが、頼家・一幡にまで害が及ぶとは思っていなかったのであろう。要するに、時政に利用されたのである。北条氏が仁田一族の報復を受けることは火を見るよりも明らかであり、時政指揮のもと、義時が討伐に向かったと考えられる。

以上、『愚管抄』と『吾妻鏡』を比較し、その相違点をみてきたが、両書には、能員と時政のどちらが先に仕掛けたのかという点で顕著な違いがある。『吾妻鏡』は能員から仕掛けたように描くために、家督の分割相続や政子の立ち聞きといった劇的な展開を設けているが、これらは時政によるクーデターであったことを隠すための曲筆に過ぎない。

政子の苦悩

これまでの経緯をまとめると、比企氏の乱は、まず比企一族を追討し、ついで一幡乳母夫の仁田一族を殺害し、さらに逃げ延びた一幡を殺めるという三段階を踏んでいたといえる。そして、重要なのは、政子が比企一族の追討を命令し、北条氏が勝利を収めたという点である。『吾妻鏡』によれば、「尼御台所の仰せにより」、北条義時・同泰時・平賀朝雅・小山朝政・畠山重忠・三浦義村・和田義盛ら有力御家人たちが、雲霞《うんか》のごとく比企氏の立て籠もる小御所を攻めたという。本来、この一件は、背後に鎌倉殿の後継者問題を孕んでいるとはいえ、比企対北条という私戦であった。しかし、ここで頼朝の後家である政子が攻撃を命じることで、御家人たちは公的な動員命令によって、比企氏を攻め滅ぼしたことになる。政子の介入によって、反乱軍たる北条勢は正当性を帯びた幕府軍となったのである。政子のもつ後家の力が北条氏を勝利に導いたといえよう。

頼家の悲劇については、言葉もない。療養中に、これまで最も身近で支えてくれた比企一族を滅ぼされ、妻の行方も、愛しいわが子の安否もわからない。これ以上の絶望があるだろうか。『愚管抄』によれば、怒りのあまり太刀を手に起ちあがろうとした頼家に政子がすがったという。頼家を哀れむ気持ちはあったであろうが、比企氏への報復と実朝の擁立を狙っていた北条氏にとって、頼家の出家は、またとない好機であった。頼家・一幡を犠牲にしようとも、比企氏を討滅する。これが頼朝の後家政子の判断だったのである。

政子が母親として頼家にしてやれることは、もはや限られていた。その後の頼家の処遇には苦慮したものと思われる。比企氏滅亡後は頼家を鎌倉から追放し、隠棲させる他なかった。

なお、すでに拙著『史伝 北条義時』でも触れたが、「比企氏の乱」という名称は、学界でも定着しているが、これは能員が先に時政殺害を謀ったとする『吾妻鏡』の記事を念頭に置いた上での名称である。しかし、事件の発端が時政のクーデターであったことは明白である。むしろ、比企氏が一幡を抱えて小御所《こごしょ》に集結した事実を重視するならば、『保暦間記』にみえる「小御所合戦」の名称こそ、乱の実態に即したものである。したがって、筆者は、「比企氏の乱」に替えて、「小御所合戦」の名称を採用すべきだと考えている。

第五節　鎌倉殿実朝の擁立

頼家の暗殺

千幡《せんまん》の擁立に伴い新体制が発足するが、同時に頼家とその派閥の粛清も進められた。

建仁《けんにん》三年（一二〇三）九月二十九日、頼家は伊豆の修禅寺《しゅぜんじ》に向けて出発している。先陣の随兵《ずいひょう》百騎、女騎《にょき》十五騎、後陣の随兵二百余騎という大行列であった。前《さき》の鎌倉殿に対する敬意や恩情ともとれるが、比企氏討伐の直後ということもあり、世情は不安定である。頼家によるクーデター等、もしもの事態に備え、多くの御家人を護衛と称して供奉《ぐぶ》させた可能性も考えられる。政子にとっては、これが頼家との今生の別れとなった。

十一月に入ると、頼家は政子と実朝に書状を進上してきた。その内容は、自分に仕えていた近習の参入を許し、安達景盛を罰したいので申し請けたいというものであった。しかし、政子は三浦義村を使者として遣わし、この要求を拒否したうえ、今後、書状を出すこともやめるよう申し付けている。非情な対応ではあるが、頼家のもとに人が集まれば、実朝の脅威となる可能性がある。新たな火種を生まないためにも、頼家との関係は絶たねばならなかった。鎌倉に戻ってきた義村から、傷心し心閑かに隠居する頼家の様子を聞くと、政子は嘆き悲しんだという。

また、頼家が伊豆で体調を崩していた頃、政子は鶴岡八幡宮の塔の造営が頼家の病を引き起こしたのではないかと考え、造営を停止させている。体調回復を願ったのであろう。

頼家の最期について、『吾妻鏡』は多くを語らない。翌元久《げんきゅう》元年（一二〇四）七月、伊豆より頼家の薨去《こうきょ》を報せる飛脚が到着したと記すのみである。一方、『愚管抄』には、入浴中を襲われ、抵抗したため頸《くび》に紐をかけられ急所を押えつけて刺殺されるという壮絶な最期であったことが記される。

また、頼家の暗殺を命じた人物については、古活字本『承久記』・『梅松論《ばいしょうろん》』には時政によって、『武家年代記』・『増鏡《ますかがみ》』巻二「新島守《にいじまもり》」には義時によって殺害されたことが記されている。いずれにせよ、時政の意向で殺されたことは確かであるが、頼家暗殺に義時が関与していたか否かという点で、この問題は重要である。

ここで注目するのは、『愚管抄』巻六の「さてその年の十一月三日、ついに一万(一幡)若(君)をば義時とりてをきて、藤馬《とうま》と云《いう》郎等にてさしころ(刺殺)させてうづみてけり。さて次の年は元久元年七月十八日に、修禅寺にて又頼家入道をばさしころしてけり」という記述である。一幡殺害に続いて頼家殺害についても述べたくだりであるが、古く水戸藩で編纂された『大日本史』巻一八一「源頼家伝」は、『愚管抄』の「又頼家入道をばさしころしてけり」という部分に注目し、義時が一幡のみならず頼家の殺害をも下知したと解釈している。筆者も『大日本史』に従い、頼家殺害を下知したのは、義時であったと解釈したい。したがって、義時は比企一族、頼家・一幡父子とその乳母夫の仁田忠常という頼家派の一掃において中心的な役割を果たしたといえよう。

この事実は、義時の政治的位置を考える上で一つの示唆を与える。のちに義時は政子と

修善寺の指月殿(伊豆の国市)

ともに父時政に対して隠退を迫るが、義時には自身が北条氏の政治的躍進を支えてきたという自負が少なからずあったのではないだろうか。

政子が頼家の暗殺を事前に承知していたかどうかは、わからない。ただ、知らなかったと考えるのが妥当であろう。頼家の暗殺直後には、頼家の家人が謀反を企んでいることが発覚し、義時が被官の金窪行親《かなくぼゆきちか》を遣わして、家人たちをことごとく誅殺している。したがって、頼家暗殺はその周辺での不穏な動きを察知した時政の判断ではなかったかと考えられる。時政は一幡に続き頼家も殺害するよう義時に命じたのであろう。政子には、あえて知らせなかったのではないだろうか。

現在、修禅寺には、指月殿《しげつでん》とよばれる小堂が建っている。明治期に刊行された『増訂豆《ず》州志稿《しゅうしこう》』によれば、これは頼家の菩提を弔うために政子が建立したという。

征夷大将軍への就任

建仁三年（一二〇三）九月、北条時政によるクーデターが成功し、千幡を鎌倉殿に据える新体制が開始した。『愚管抄』巻六は、千幡擁立後の鎌倉幕府を「祖父の北条（時政）が世に関東は成て」と記し、時政の専制（のちの執権政治）が敷かれたとする。しかし、その専制は不安定なものであった。とくに、武力によって千幡を擁立したことが鎌倉殿の権威の低下をもたらしたうえ、いまだ頼家・一幡が存命していたのも脅威であったと考えられる。時政は、これらの政治的課題を克服しながら、北条氏の権力拡大を目指し、政子は後家の力をもって北条氏の躍進を支えた。

小御所合戦後、まず行われたのは千幡の征夷大将軍への就任である。鎌倉殿に押し上げられた千幡にとって、朝廷の権威は、その権力を支える重要な基盤であったと考えられる。比企氏滅亡の報せが京都に届いたのは、戦いからわずか五日後の九月七日である。しかも、同日には頼家に心を寄せる在京御家人も討たれている。したがって、その使者は、小御所合戦の直後に鎌倉を出発したと考えられる。ここには、頼家派の粛清を目指す時政の周到な計画が窺われるが、時政が最も腐心したのは、千幡を征夷大将軍に就任させ、朝廷の後押しによって鎌倉殿としての権威を高めることにあったと考えられる。

頼朝の征夷大将軍就任

千幡の征夷大将軍就任に触れるまえに、頼朝・頼家の就任について確認しておきたい。

国文学者の櫻井陽子氏によって紹介された、中山忠親《なかやまただちか》の日記『山槐記《さんかいき》』の逸文《いつぶん》（『山槐《さんかい》荒涼抜書要《こうりょうぬきがきよう》』所収）によれば、頼朝は「大将軍」への就任を申請し、朝廷では惣官など四つの候補を挙げて審議した結果、征夷大将軍に決したという。したがって、頼朝は征夷大将軍の任官に固執していたわけではなかった。わずか二年後に、辞意を示していることからもわかるように、征夷大将軍は元来常置の職ではなく、臨時の職にすぎないのである。

では、頼朝が固執したわけではない征夷大将軍に、なぜ頼家以後の鎌倉殿は代々任ぜられたのだろうか。次に頼家の就任をみてみよう。

先述した通り、正治元年（一一九九）正月、朝廷は頼家に宣旨を下し、頼朝の遺跡を継いで諸国を守護するよう命じた。この宣旨により、頼家は頼朝の後継者として公認され、幕府は引き続き国家的な軍事・警察機能を担うこととなった。

頼家が征夷大将軍に就任したのは、これより後の建仁二年（一二〇二）七月、従二位に叙されたときまで下る。よって、この段階の幕府にとって、鎌倉殿の将軍就任は急務ではなかったといえる。将軍就任の事情は判然としないが、当時、朝廷で権勢を極めていた源通親《みなもとのみちちか》が、幕府との連携を緊密にするために、正二位で征夷大将軍に就任した頼朝の例に準《なぞら》えて頼家を任じたと考えられる。このとき頼家は、すでに左衛門督《さえもんのかみ》に任じられ、父頼朝と同じく公卿であったことを踏まえれば、妥当な就任であったといえよう。

実朝の征夷大将軍就任

『猪隈関白記』などによれば、建仁三年（一二〇三）九月七日の朝、頼家薨去《こうきょ》の報が後鳥羽院に伝えられ、その夜、ただちに千幡を従五位下に叙し、征夷大将軍に任ずる小除目《こじもく》が行われた（除目は、天皇臨席のもと清涼殿で行われる官職任命の儀式。臨時に行われる小規模の除目を小除目と呼ぶ）。また、幕府は千幡の家督相続を公認する宣旨を望んでおり、同夜には千幡に宣旨が下された。要するに、征夷大将軍の任官は除目、家督相続は宣旨によって朝廷から公認されたわけである。

さらに、千幡はまだ元服前であったため、任官にあたって後鳥羽院みずからが「実朝《さねとも》」と命名したという。よって、「実朝」の名乗り自体が朝廷の権威を背負う側面もあった。

頼朝が右近衛大将《うこのえのたいしょう》の前歴を有し、また頼家が現任の左衛門督であったのに対し、実朝は従五位下に叙されたが朝官には任ぜられなかった。そこで意味を持つのが征夷大将軍の任官である。北条氏としては、頼家や一幡が存命する中で実朝を擁立しただけに、実朝の征夷大将軍への就任は、鎌倉殿の権威化という点で重要な意味を持ったと考えられる。とりわけ征夷大将軍は令外官《りょうげのかん》（令の規定にない官職）であったことから、無官の実朝には好都合な官職であった。かくして実朝は、鎌倉殿就任と同時に征夷大将軍となった初例を作ったのであり、以後、これが通例化する。そして、鎌倉幕府の首長を指す「鎌倉殿」と「将軍」は、おおよそ同じ意味を持つようになる。

実朝の正妻選び

翌元久元年（一二〇四）には、実朝の婚姻も進められた。『吾妻鏡』によれば、はじめ足利義兼《あしかがよしかね》の娘が正妻候補として挙がったが、実朝が認めず、京都から迎えることになったという。しかし、わずか十三歳の実朝に正妻の選択が一任されたとは考え難い。この人選には時政・政子の意向が含まれていたと考えるのが妥当である。比企氏の再来を避けるためにも、実朝の婚姻は慎重に進められたであろう。

正妻として白羽の矢が立ったのは、貴族の坊門信清《ぼうもんのぶきよ》の娘であった。実朝よりも一つ年上である。当時、時政は、後妻牧の方の人脈を生かして娘たちを貴族と婚姻させており、娘のひとりを坊門忠清《ただきよ》（信清の息子）のもとに嫁がせていた。したがって、すでに坊門家との繋がりを有しており、この婚姻が実朝の婚姻の前提になったと考えられる。

実朝の婚姻の狙いは、貴族との婚姻によって、実朝の将軍権威を補強することを期待したためとみてよい。とくに、実朝が坊門家の娘を御台所に迎えることで、後鳥羽院と義兄弟の関係を結んだ点は重要である。この婚姻は、公武融和を考え、幕府をも取り込みたい院の意向によって進められたが、幕府にとっても実朝の権威づけが急務であっただけに、非常に好都合であったといえる。ゆえに、政子も同意したのであろう。

要するに、実朝は北条氏のクーデターによって擁立されたために、その権威付けが課題となっていた。一方、後鳥羽院はそうした幕府側の内情を利用して、公武融和政策を積極的に推進することが可能であったと考えられる。

正妻の出迎えと政範の死

十月十四日、鎌倉から北条政範《まさのり》（時政・牧の方の息子）をはじめとする、多くの御家人が正妻を迎えるために派遣された。

『吾妻鏡』では入京した御家人の代表を政範ひとりとするが、源仲資の日記『仲資王記《なかすけおうき》』元久元年十一月三日条には、時政も上洛していたとみえている。さらに、同月五日条にも「今日卯剋、遠江守時政の男馬助維政（政範）、早世し了《おわ》んぬと云々〈生年十五歳〉。『去る三日入洛すと云々。路より病有り。是れ母』将軍の北方《きたのかた》〈坊門大納言の女子〉を迎えんがため、数百騎を相具し上洛す」とみえる（『仲資王記』は国立歴史民俗博物館所蔵の原本を参照した。『　』内は墨の濃淡が異なるため、後の加筆と考えられる）。

これによれば、三日の夜に時政・政範父子が入京し、五日に政範が急逝している。時政父子が数百騎を率いて上洛したという事実は、この婚姻を時政・牧の方夫妻が主導したことを意味する。おそらく、時政が上洛したのは、坊門家の人々に面謁し、貴族社会との繋がりを深める目的があったのであろう。しかし、政範の急逝によって、時政はその喪に服すため鎌倉へ戻ったと推測される。

政範は、時政と牧の方のあいだに誕生した唯一の男子であった。時政が今回の上洛で、義時や泰時ではなく、政範を同伴することによって、自身の後継者が政範であることを朝廷に示す意思を持っていた可能性は高い。しかし、その思惑は皮肉な結果となった。実朝の権威補完には成功したが、政範の急逝という不測の事態によって、北条氏の家督は、先妻の系統、すなわち義時が相続することが決定的となったのである。このことは、幕府における時政夫妻の政治的立場に重大な影響を及ぼすことになる。

結局、時政不在の中、実朝正妻は関東に下向することとなった。一行は、卿二位《きょうのにい》藤原兼子《けんし》（後鳥羽院の女房）の岡崎邸を出発し、十二月十日に鎌倉に到着した。実朝の正妻となった信清の娘もまた、かつての政子と同様、寺社参詣など将軍御台所としての日々を過ごすことになる。嫁姑の仲は円満で、政子は御台所と共にたびたび寺社に参詣している。

第六節　父時政との対立

時政専制の開始

夫頼朝、そして三人の子どもを失った政子には、残るは実朝だけであった。実朝が立派な鎌倉殿として成長することを願い、そして期待を寄せていたであろう。

話は少し戻るが、まだ幼い実朝の後見人は、祖父の時政がつとめた。建仁三年（一二〇三）九月十日、幕府では、次の鎌倉殿に実朝を据えることが決まった。これに伴い、実朝は政子の居所から時政の名越邸に移された。乳母の阿波局（政子の妹）も帯同し、義時と三浦義村が供奉したという。名越邸は浜御所とも称されるが、百人余りの御家人が会同する侍所を備えており、将軍御所としての性格を十分に有していた。

十月八日には、時政が名越邸の侍所に御家人を集めて、実朝の元服を執り行った。これは、時政が実朝の後見人であることを内外に示すためである。

元服の翌日には政所始も行われた。このとき時政は大江広元と並んで政所別当となり、吉書《きっしょ》（年始・改元・代始などに吉日を選んで総覧に供される儀礼的文書）を実朝の御前に持参し披露する役をつとめている。披露役は、頼朝・頼家期を通して広元がつとめていたが、ここで初めて時政がつとめた。これは時政が政所の実質的支配権を掌握したことを意味する。かくして、時政は平時においても幕府運営に関与する制度的裏付けを得た。この将軍後見人と政所別当の立場こそ、北条氏が世襲することになる執権《しっけん》職の淵源である。

単署下知状の発給

さらに、時政は小御所合戦以降、単署下知状《たんしょげちじょう》（将軍の意を受けた執権が奉じて出す文書。書止め文言は「下知件《げちくだん》の如《ごと》し」）を発給し、その戦後処理を行うことで、権力を伸長した。本来、政所を開設した実朝は、袖判下文《そではんくだしぶみ》（文書の右端の余白＝袖に花押《かおう》を据えた文書）を発給しうる。しかし、袖判下文は出されず、時政の単署下知状のみが発給された。これは実朝の親裁権が停止されていたことを意味する。

実朝による下文発給に必要となるのは、実朝の花押であるが、彼の花押が史料上に確認できるのは、元久二年（一二〇五）閏《うるう》七月の平賀朝雅《ひらがともまさ》追討の書状である（『明月記《めいげつき》』同月二十六日条）。すなわち、実朝の花押が政治的効力を発揮するのは、時政の隠退まで下る。

これに関わって注目すべきは、『吾妻鏡』元久元年（一二〇四）四月十日条である。

晴れ。笠置解脱上人《かさぎげだつしょうにん》（貞慶《じょうけい》）の使者、去る比《ころ》参着す。当寺（笠置寺）に於いて礼堂を建てらるべきの間、将軍家（実朝）の御奉加《ごほうが》を申す所なり。仍《よ》りて今日、砂金已下《いか》重宝等を彼《か》の使いに賜る。但し御奉加の状なしと云々。

解脱房貞慶が、使者を派遣して笠置寺の礼堂造立に関して援助を求め、実朝が砂金以下の重宝を寄進しているが、そのとき奉加状《ほうがじょう》（神仏に金品を寄進をする際に添える文書）を出さなかった点は重要である。

なぜ、実朝は奉加状を出さなかったのか。『吾妻鏡』はその理由を記さないが、ここで参考になるのは、時代は下るが、『蔭涼軒日録《いんりょうけんにちろく》』延徳《えんとく》二年（一四九〇）二月二十九日条である。これによれば、足利将軍家の菩提寺であった等持寺《とうじじ》に仏殿を造立した際、相国寺《しょうこくじ》が奉加帳を足利義材《よしき》（のちの十代将軍・義稙《よしたね》）に求めたところ、義材が御判始《ごはんはじめ》（将軍が就任後はじめて吉書に花押をすえる儀礼）を済ませていなかったため、奉加帳に判を据えずに返却したという。すなわち、花押の有無が奉加帳の発給を左右したのである。この事例を念頭に置くと、実朝が奉加状を捧げなかった理由も自ずと解けよう。元久元年の時点で、実朝は花押を未だ持ち得なかったのではないだろうか。さらに言えば、時政は実朝の加判を意図的に停めることで、単署下知状を発給していたといえよう。

時政による実朝の親裁権停止と下知状の発給は、実朝の後見人たる立場が可能にしたと考えられるが、御家人たちがこの状況を受け入れているのは、やはり実朝に対し監督権をもつ政子が時政を後見人として認めていることが大きいのではないだろうか。

頼朝の政策の継承者

時政は実朝を推戴するにあたり、在京御家人に対して実朝への忠誠を誓う起請文《きしょうもん》を提出させている。この下知には、一幡が未だ存命していたことも少なからず影響していると考えられる。わずか六歳とはいえ、頼家の正嫡である一幡の身柄を小御所合戦で拘束できなかったことは、北条氏の不覚と言うべきであり、それだけに厳重な警戒が必要であった。鎌倉殿の代替わりに伴う起請文の提出は、鎌倉時代を通してこの時のみであり（佐藤二〇一五）、時政が鎌倉殿交替による御家人たちの動揺を収拾するために尽力したことが窺える。

また、実朝が鎌倉殿に就任した直後の諸政策に、頼朝を意識したものが多くみられることも重要である。時政は、御家人に「故右大将軍（頼朝）自筆の御書」を提出させ、その書写を命じたり、「右大将家御時の例」に基づいた沙汰を行っている（飯田一九五二）。

このような頼朝を意識した政策が行われたのは、実朝が頼朝の政策の継承者にふさわしい人物であることをアピールするためであったと考えられる。加えて、実朝の正当性を示すことは、実朝を擁立した時政の専制（執権政治）を正当化することでもあった。政子としても、頼朝の政治方針の継承こそ最優先事項であり、これが時政を支持する理由でもあったと考えられる。

実朝の幼少期、政子が政治の表舞台に登場することは少ない。基本的には、鶴岡八幡宮の法華八講《ほっけはっこう》に密かに参列したり、逆修《ぎゃくしゅ》（生前に死後の菩提を願って行う仏事）をはじめたり、実朝とともに天台止観《てんだいしかん》の談義を聴聞《ちょうもん》したり、寿福寺で祖父母を追善する仏事を修するなど、仏道修行に励んでいる。とくに栄西《ようさい》に帰依し、南都より取り寄せた七観音像の絵図を供養する際には、導師としている。実朝も結縁《けちえん》のため出席したという。このように、実朝と顔を合わせる機会は、たびたびあったと考えられる。

時政・牧の方との不和

時政は、実朝を擁立して幕府の実権を握ることに成功したが、次第に北条氏の内部では、時政と後妻の牧の方と、政子・義時との間に不和が生じ、複雑な様相を呈した。

先ほど、鎌倉殿に就任した実朝が時政邸に移ったことを述べたが、実はその二日後には、政子の命令によって大倉御所に連れ戻されている。『吾妻鏡』によれば、これは牧の方が「害心」を懐いており、傅母《ふぼ》（乳母）として信用することはできないと阿波局が報告してきたからであるという。実朝の身を案じた政子は、すぐに義時や三浦義村、結城朝光に命じて、実朝を迎えにいかせた。その後、何も知らない時政は、ひどく動揺して、政子の側近女房である駿河局《するがのつぼね》を介して謝罪したが、政子は実朝が成人するまでは同居して扶持《ふち》すると返事をし、ついに実朝の身柄を渡すことはなかった。

牧の方の態度がどこまで真相を伝えるものなのかはわからない。ただし、牧の方の動向に警戒するところがあったことは確かであろう。牧の方は実朝の擁立以前から、娘婿である平賀朝雅の擁立を心中に秘めていた可能性がある（大塚一九四〇）。

以上のように、時政・政子父子は、実朝の居所をめぐる一件において意見を異にした。中世は親権が絶対であったが、この親子の場合は、時政の父権よりも政子の後家の権力の方が勝っていたと考えられる。居所の問題も、政子の意向が通っている。とはいえ、実朝の元服や政所始が時政邸で行われているように、実朝はたびたび時政邸に出向いているし、翌元久元年（一二〇四）には、実朝も十三歳となり成人しているので、政子との同居はほどなくして解消されたのではないかと思われる。時政と政子は、互いに警戒しつつも、鎌倉殿実朝による安定的な政治運営を目指すという点では認識を同じくし、協力関係を結んでいたと思われる。しかし、この連携はわずか二年で崩壊する。

畠山重忠の乱

時政との対立は、畠山重忠《はたけやましげただ》の乱を契機として決定的となった。『吾妻鏡』によれば、事の発端は、元久元年（一二〇四）十一月に実朝の正妻を迎えに上洛した畠山重保《しげやす》（重忠の息子）と平賀朝雅が、酒宴の席で起こした口論にあった。朝雅は、元久二年（一二〇五）六月に重保の悪口《あっこう》を義母にあたる牧の方に讒言《ざんげん》し、時政夫妻は畠山父子の追討を決意したという。

しかし、畠山氏と北条氏との対立は、重保と朝雅の口論のような些細な出来事で浮上したのではない。前年には、時政が重忠に討たれたという誤報が京都に伝わっており（『明月記』建仁四年正月二十八日条）、すでに両氏の対立は周知されていた。こうした緊迫した状況の中で、時政は畠山一族滅亡の契機を窺っていたのである。

この口論の背景には、武蔵国の支配をめぐる北条氏と畠山氏の対立があった（野口二〇〇二）。武蔵国は、将軍家知行《ちぎょう》国のひとつとして相模国と並んで幕府を支える地域であっただけに、北条氏にとって、武蔵国の掌握は急務であったと考えられる。

加えて、牧の方にも畠山氏を討つ動機があった。『保暦間記《ほうりゃくかんき》』は、牧の方が重忠を討った理由を「重忠ハ、弓箭《きゅうせん》ヲ取テモ無双ノ仁也。当将軍（実朝）ノ守護ノ人也。先《まず》亡サント思テ」

と記す。牧の方は、実朝の廃位を遂行するため、手始めに実朝を守護する重忠抹殺を謀ったというわけである。

要するに、時政は武蔵国の掌握、牧の方は朝雅擁立の足がかりとして畠山氏を討つ必要があったといえる。

追討後の騒動と恩賞沙汰

元久二年（一二〇五）六月二十一日、牧の方の意を受けた時政は、息子の義時と時房に畠山氏追討を相談するが、誠実な人柄の重忠が謀反を企むわけがないとして、強い反対を受けた。しかし、時政は追討を命じ、翌二十二日、二人は大将軍として兵を率いている。

武蔵国男衾《おぶすま》郡菅谷《すがや》の屋敷にいた畠山重忠は、稲毛重成《いなげしげなり》（時政・牧の方の娘婿か）に誘い出され、わずかな手勢を率いて鎌倉に向かった。しかし、すでに由比ヶ浜で息子の重保は討たれ、二俣川《ふたまたがわ》（横浜市旭区）で義時らの軍勢と対峙することになる。少人数の畠山軍が勝てるはずもなく、二俣川での戦いは北条氏側の勝利に終わった。

鎌倉に戻った義時は、畠山軍が小勢であったことから、重忠の無実を時政に訴えた。重忠に陰謀の企てはなく、時政夫妻が追討を強行したことは明らかである。重忠の無実は、すぐに周知の事実となり、北条氏に対して非難の目が向けられる事態に発展するのは、時間の問題であった。

早くも、二十三日の夜には合戦の揺り戻しが起こる。時政の命により畠山父子を鎌倉に誘い出した稲毛重成とその兄弟が、三浦義村の軍勢に誅殺された。ここで史料上に政子の名は見えないが、義村は同じ伊東祐親の娘を母に持つ従弟で、かつ政子が信頼を寄せる人物であるため、この稲毛兄弟の誅殺には、政子と義時の意向が介在していたと考えられる。政子と義時は、重成を討つことで畠山氏追討が北条氏の総意ではなかったことを明示し、御家人から受ける非難を時政夫妻に向けようとしたのではないか。ここにおいて北条父子の対立は、避けられないものとなった。

『吾妻鏡』によれば、畠山討伐に関する恩賞を沙汰したのは、政子であった。勲功を立てた御家人に恩賞を与えたという。先行研究は、無実の重忠を誘い出すよう稲毛重成に指示した時政が御家人たちの信頼を失い、恩賞に関与することができなくなった。この結果、政子が恩賞を沙汰した。そして、追い詰められた時政夫妻は、朝雅の擁立を謀ったと解釈している（本郷二〇〇四）。

しかし、政子がすべての恩賞を沙汰したという『吾妻鏡』の記述は、時政の単署下知状

（『大日本古文書 家わけ第五 相良《さがら》家文書』所収）の存在から疑問が持たれる。

下《くだ》す肥後国球麻《くま》郡内人吉《ひとよし》庄

補任《ぶにん》す地頭職《じとうしき》の事

藤原永頼《ふじわらのながより》

右の庄、平家没官領《もっかんりょう》たるの間、地頭に補せらるべきの由《よし》申すに依り、殊に軍功を施すの故、永頼を以て、彼の職となさしむべし。但し有限の御年貢以下雑事に至りては、地頭全く違乱《いらん》致さず。公平を存ずべきの状、鎌倉殿の御下知に依り件《くだん》の如し。

元久二年七月廿五日　遠江守平朝臣（北条時政）御判

この下知状は案文《あんもん》（正文《しょうもん》の写し）であるが、追討の直後に、時政が肥後国御家人の相良永頼の軍功を賞して地頭職に補任したことが確認できる。『吾妻鏡』は政子のみが恩賞を沙汰したと記すが、逆にそれを裏付ける確実な文書（政子の下文《くだしぶみ》など）は見当たらない。むしろ、時政による単署下知状の存在から、彼が恩賞に関与していた事実を読み取るべきである。

したがって、時政は恩賞の沙汰から外されたわけではなかったが、御家人たちの信頼を失ったうえ、政子・義時との対立も決定的となった。ここにきて、牧の方と企図していた平賀朝雅の擁立に踏み切ることになる。政子にとってもっとも大切な実朝に身の危険が迫っていた。

第七節　時政専制の終焉

平賀朝雅の存在

ここで、時政夫妻が擁立を謀った娘婿の平賀朝雅について触れておきたい。朝雅は、清和源氏義光《よしみつ》の曽孫にあたり、父は義信《よしのぶ》、母は比企尼《ひきのあま》の三女である。兄に惟義《これよし》・隆信《たかのぶ》・朝信《とものぶ》がいる。平賀氏は信濃国佐久《さく》の平賀郷を本拠とし、義信が源義朝（頼朝の父）に仕えた関係から、頼朝の信頼は厚く、源氏の門葉（同族）として特別な扱いを受けていた。

その生年については、北酒出本『源氏系図』に、元久二年（一二〇五）閏七月二十六日に討たれたとき、二十四歳であったとみえることから、寿永《じゅえい》元年（一一八二）の生まれであることが判明する。興味深いことに、この年は、頼家が生まれた年でもある。義信は、頼家の乳母夫《めのと》であったから、朝雅は頼家と乳《ち》兄弟の関係にあったことになる。

また、『愚管抄』は朝雅を頼朝の猶子《ゆうし》と記し、『吉見系図』（内閣文庫蔵『諸家系図纂』三一二）の源範頼の項にも「その腹《（義信妻）》の子朝雅、頼朝一字を給ふ、北条時政の婿となる」とみえ、頼朝から「朝」の一字を給わったことがわかる。頼朝から特別に目をかけられた存在であり、源氏一門の中でも際立った貴種性を有し、鎌倉殿になり得る条件を備えていた。ゆえに、政子・義時は、朝雅はもちろん、朝雅と密接な関係を結ぶ時政夫妻に対して、目を配る必要があったと考えられる。

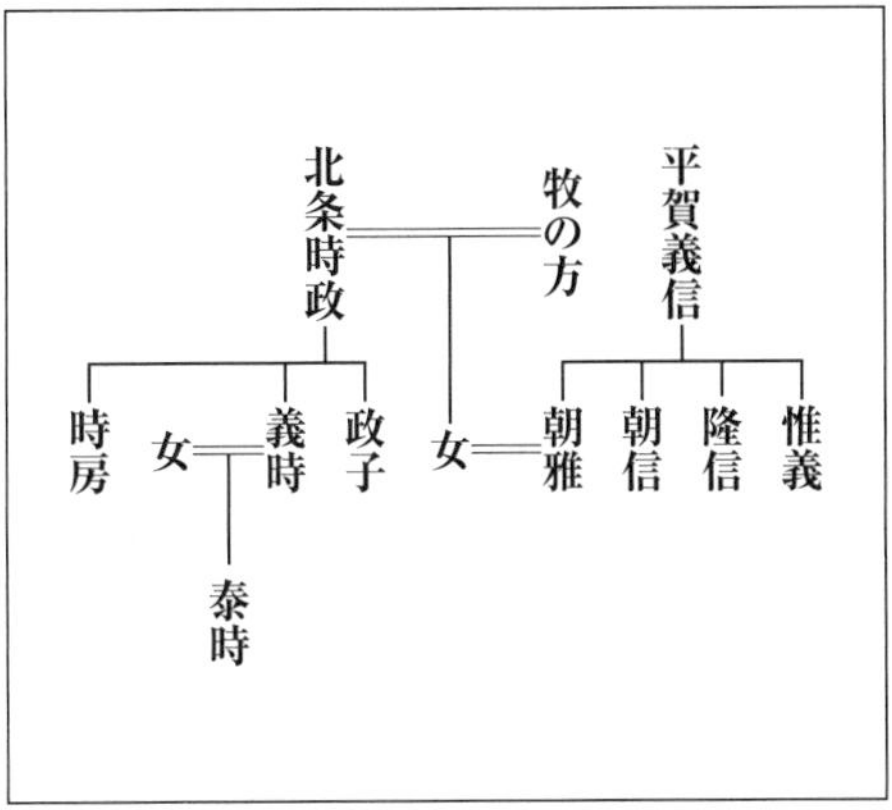

北条氏・平賀氏関係系図

　特筆すべきは、朝雅が後鳥羽院の寵愛を受けていたことである。実朝が鎌倉殿になると、朝雅は京都守護として上洛を果たした。時政による抜擢である。

後鳥羽院は、幕府を政治的に懐柔する意図を有していただけに、朝雅を歓迎した。元久元年（一二〇四）正月、朝雅は院に初参を遂げたが、北面の武士のように厚遇されている（『明月記』同月二十一日条）。これ以降、朝雅は院の命令にも従って軍事行動をとるようになる。

建仁三年（一二〇三）十二月に勃発した伊勢・伊賀平氏の乱（伊勢平氏の若菜盛高《わかなもりたか》らが起こした反乱。三日平氏の乱）では、院と幕府双方から命令を受けて鎮圧にあたっている。また、翌元久元年七月には、近江守護の佐々木広綱《ささきひろつな》（父定綱《さだつな》の代行）と共に、比叡山堂衆《どうしゅ》（下級僧）の追討にあたるよう院に命じられるなど、後鳥羽の信頼を得ていた。

朝雅擁立の経緯

時政・政子・義時は、実朝の擁立を目的とする点で、政治的に一致していたと考えられる。時政の専制は、頼朝の後家政子の容認のもとに成立しえた体制であり、義時は比企氏・畠山氏の追討や頼家・一幡の抹殺などで中心的な役割を果たし、時政の権力拡大を支えていた。時政の政治的躍進は、政子・義時姉弟との連携なくして成り立つものではなかった。

しかし、実朝の権威が強化される一方で、時政夫妻と朝雅の権力拡大も図られた。時政は実朝の袖判下文を止めて単署下知状を発給し、京都守護として上洛した朝雅は、後鳥羽院との関係を深めた。さらに、時政は武蔵を掌握することで、朝雅と自身の権力を拡大させた。

このような時政らの強引な権力掌握策に警戒した政子・義時は、畠山氏追討に協力しながらも、時政派の稲毛氏を討つことで、時政夫妻を牽制した。この一件によって、両勢力の対立は決定的となり、時政は朝雅擁立を謀ったと考えられる。

擁立計画の首謀者について、『吾妻鏡』は牧の方一人に罪を着せるが、『愚管抄』が「母方の祖父の我れころさんとする」、『六代勝事記』が「遠江守（時政）の計議」と記すように、牧の方との合意のもと、最終的には時政が計画の実行を決断したとみるべきであろう。

一方、実朝を推戴する政子や義時にとって、亡き頼朝の猶子という貴種性を有し、かつ後鳥羽院との関係を深める朝雅は、大きな政治的脅威であったと考えられる。実朝殺害の陰謀が明らかになった以上、幕府の運営を安定に導くためには、時政を隠退させ、朝雅を討つ他はなかった。

時政の追放

元久二年（一二〇五）閏七月十九日、実朝の殺害および朝雅擁立の陰謀が露見すると、時政は出家を余儀なくされ、ここにその専制は幕を閉じた。

『吾妻鏡』によれば、政子の水際立った号令のもと、多くの有力御家人が時政邸に派遣され、実朝を守護して義時邸に送ったという。『吾妻鏡』に描かれる政子は、冷静沈着で、カリスマ性を帯びている。

ただし、『愚管抄』は、実朝の身を案じ、慌てふためいた政子は三浦義村に助けを求めたところ、義村が実朝を義時邸に移し、武士を召集したとする。さらに、「将軍の仰せである」として時政を呼び出し、伊豆に隠退させたとする。陰謀の報に接して動揺を隠せなかった政子の姿を描く『愚管抄』の方が真相に近いのではないだろうか。

親権が絶対の中世において、いかに政治的に対立したとはいえ、実父を追放することは、不孝の誹《そし》りを免れない。そこで、政子は、『愚管抄』にみえるように、将軍実朝の命令という体裁をとることで、御家人の信望を失うことを避けたと考えられる。この方策は、政子が政治家として非常に有能であったことを物語る。

また、朝雅の処罰も迅速に行われた。義時や大江広元らの評議の結果、使者を京都に派遣し、朝雅の追討を在京御家人に命じることになった。使者が入洛した翌日、朝雅は官軍の襲来を受けて敗死した。

かくして、将軍実朝の座を脅かす朝雅は殺され、時政夫妻も伊豆に退いた。以後、政子・義時姉弟の主導する政治体制が開始される。このとき政子四十九歳、義時四十三歳であった。

第八節　政子と義時

政子・義時の二頭政治

元久二年（一二〇五）閏七月、時政は出家を遂げると、翌日には伊豆に隠退した。その日の『吾妻鏡』には、「相州《（義時）》、執権の事を奉らしめ給ふ」とみえ、義時が時政の跡を継ぎ、次の「執権」に就任したとする。一方、『愚管抄』には、「実朝が世にひしと成て」「いもうとせうとして関東をばをこないて有りけり」とみえ、しっかりと実朝の時代となり、政子と義時が幕府を運営していくことになったと記す。ちなみに、今日の我々が「鎌倉幕府」とよぶ武家政権のことを、当時の人はこのように「関東」とよんでいた。『吾妻鏡』でも、例えば、幕府の方針は「関東の御計らい」と記されている。

時政追放の結果、北条氏内部における世代交替はあったものの、幕府の政治的実権は依然として北条氏が掌握していた。これは後家である政子が、時政から義時への執権職継承を認め、弟義時とともに両輪となって幕府運営を行っていくと決めたからである。

一般に、北条氏は自己の権力拡大のためだけに注力したように捉えられてしまうが、政子・義時の最も優先すべきは、頼朝の政治方針に従いながら、頼朝の遺した武家政権を安定的に運営することであった。ただ、そのためには北条氏の専制的地位を確立する必要がある。そこで義時は、政所別当への就任を皮切りに、北条氏の専制的な地位の獲得および執権政治の確立を目指し、政子はそれを支えた。

宇都宮頼綱の連座

時政隠退後、政子・義時が最初に取り組んだのは、朝雅擁立未遂事件の処理であった。元久二年（一二〇五）八月、下野《しもつけ》の武士である宇都宮頼綱の謀反が発覚し、頼綱が一族郎等を率いて鎌倉を襲撃するとの風聞が伝わっている。頼綱は牧の方所生の娘を妻に迎え、稲毛重成の娘とも婚姻関係を結んでいたため、牧氏勢力の残党として、北条氏に歯向かう可能性があった。義時は、政子の邸宅に大江広元や安達景盛らを集めて評議し、下野守護の小山朝政《おやまともまさ》に討伐を命じている。しかし、朝政は頼綱と義兄弟の関係にあることを理由に、追討使となることを固辞した。それから数日後、頼綱は謀反の意志のないことを記した書状を義時に捧げ、出家を遂げている。その後、頼綱改め実信房蓮生《じっしんぼうれんしょう》は、身の潔白を訴えようと鎌倉の義時邸に参向したが、義時はついに蓮生と対面することなく、仲介役の結城朝光が献上した蓮生の髻《もとどり》を見るに止まった。かくして、宇都宮氏追討は撤回され、事態は終息をみた。

時政・牧の方との一件は、北条一門の内部対立の側面も有したため、族長となった義時は一族の結束を固める意味でも、強硬な態度をとったと考えられるが、ここで重要なのは、義時たちがわざわざ政子の邸宅で評議を行っている点である。このことは、義時・政子による二頭政治が敷かれていたことを示すものに他ならない。

頼朝の後家政子が関与することによって、義時側が正当性を帯び、北条対宇都宮という私戦は、幕府軍による宇都宮氏追討にすり替わった。比企氏追討のときと同じ論理である。ここに、義時が他の御家人とは一線を画し、幕府内に揺るぎない立場を得ることができた理由の一つがある。義時は、頼朝の権威を継承した、いわば「最強の姉」を、味方としていたのである。

第九節　実朝の疱瘡罹患とその影響

実朝の疱瘡罹患

わずか十二歳で鎌倉殿となった実朝も、承元《じょうげん》三年（一二〇九）には十八歳を迎え、統治者としての自覚が芽生えるとともに、幕政を主導しうる年齢に成長していた。先行研究では、この年の四月に従三位《じゅさんみ》となり、政所開設の資格を得て政所下文を発給していること（ただし、政所下文には、義時が政所別当として署名しており、実朝の意向が直接反映されていたわけではない）や鷹狩の禁制など、実朝の諸政策が見え始めることから、実朝が親裁権を行使し始めた時期として評価している。

『吾妻鏡』を確認すると、例えば、同年三月には、高野山が備後国《びんご》太田庄《おおたのしょう》（広島県世羅町）の年貢未納を訴え、実朝がその沙汰にあたったが、高野山の使者と地頭の善信《ぜんしん》の代官とで激しい口論となったため、その場から追い立てたという記事がみえる。実朝が直に裁判を行っていたことがわかる。

しかし、実朝は幼い頃より病弱なところがあった。鎌倉殿に就任してからも、体調を崩すことが多かった。承元二年（一二〇八）二月には、疱瘡《ほうそう》に罹患《りかん》している。疱瘡は、今でいう天然痘のことで、死亡率の高い感染症である。二代将軍頼家や四代将軍九条頼経《くじょうよりつね》らも患っているが、実朝の場合は、近国の御家人たちが集まるほど重篤に陥っており、かなりの重症であったと見受けられる。

その後、快復したものの、疱瘡罹患は実朝の人生に暗い影を落とした。承元二年（一二〇八）二月より建暦《けんりゃく》元年（一二一一）二月までおよそ三年ものあいだ、実朝は疱瘡の跡を憚《はばか》って、鶴岡八幡宮への参詣を控えている。おそらく、その顔面には、無数の瘡痕が残っていたのであろう。この期間には、二所詣《にしょもうで》（将軍が箱根権現・伊豆山《いずさん》権現と三嶋大社に参詣し、幕府の安泰を祈願する行事）も行われておらず、将軍が幕府祭祀に参加しないという特殊な状況が生じていた。

この間、実朝の代わりを務めたのは、義時や大江広元・親広《ちかひろ》父子であった。彼らが将軍の代理として参詣することで、この特異な状況を乗り切ったのである。

また、この承元二年～建暦元年（一二〇八～一一）の実朝は、祭祀権を行使できないだけでなく、京都の貴顕からの要求にも応えられなかったようである。『愚管抄』の著者で、天台座主《てんだいざす》（比叡山延暦寺の住職）をつとめる慈円《じえん》の書状には、天下泰平の祈禱《きとう》を行うために支援を依頼したが、実朝は未だに成敗に及んでいないこと、また、実朝が籠居《ろうきょ》していたので、この二、三年は何事もなく過ぎたが、上洛するという噂を聞いたことが記されている（「慈円自筆書状写」竹僊堂所見手鑑所収・年未詳四月三日付）。

後者の実朝の上洛計画については、『吾妻鏡』には一切みえない情報であるだけに興味深い。考えてみれば、京を憧憬《しょうけい》する実朝が上洛を熱望しなかったはずはない。実朝の上洛に関しては、臨済宗の僧無住《むじゅう》の著した仏教説話集の『沙石集《しゃせきしゅう》』に、実朝が上洛を望み、評定が開かれたが、宿老の八田知家《はったともいえ》の反対により、上洛を断念したという話がみえている。説話ではあるが、京都に住む慈円の耳にも入っているほどであるから、史実を伝えているとみてよかろう。

最終的に、上洛が実現しなかった理由としては、こうした御家人たちの反対もさることながら、この時期の政治状況によるところも大きい。建暦三年（一二一三）二月には、実朝を廃して頼家の遺児千寿丸《せんじゅまる》を擁立し、義時を殺害するという泉親衡《いずみちかひら》の策謀が発覚している。未遂に終わったとはいえ、張本《ちょうぼん》（首謀者）百三十余人、伴類《ばんるい》（仲間）二百人が与同するという深刻な事件で、この動揺は翌年五月の和田合戦勃発に波及する。このような緊迫した状況で、将軍実朝が上洛できるはずもなかった。

実朝への諫言

疱瘡罹患は、実朝の内面にも大きな影響を与えた。実朝は鎌倉に籠居していた時期、和歌の創作に没頭するようになる。罹患から数カ月後の承元三年（一二〇九）七月には、二十首の詠歌を住吉社に奉納することを思い立ち、御家人の内藤朝親《ないとうともちか》（藤原定家《さだいえ》の門弟）を派遣して、詠歌三十首を定家に送って批評を求めている。これに対し、定家は合点《がってん》（批評して良作に印をつけること）を加えるとともに、「詠歌口伝」一巻を著して実朝に献上した。また、幕府で和歌会を開催することもあった。

ただし、祭祀権を行使できず、和歌に傾斜する実朝に対し、義時や広元は不安を禁じ得なかったようである。承元三年（一二〇九）十一月、実朝が弓馬への関心を棄ててしまうことを危惧した義時は、小御所の小庭において切的《きりまと》（的を矢で射る芸能）を開催している。さらに、弓勝負の負方衆が課物を献上し、御所で酒宴が行われた際には、義時と広元が、実朝の御前で「武芸を事となし、朝廷を警衛せしめ給ふは、関東長久《ちょうきゅう》の基《もとい》たるべし」と述べ、幕府の存在意義は武芸を専らにし、朝廷を警固することであると説いている。彼らは、瘡痕の残る実朝が重要な幕府祭祀に参加できない上、武芸への関心をも失えば、御家人たちの信望を失いかねないと考え、幕府運営の安定に心を砕いていたのである。疱瘡罹患は、実朝の内面性はもとより、幕府全体にも影響を及ぼしたといえよう。

政子の心労

政子も実朝の体調を相当心配していた。実朝自身の問題にとどまらず、幕府全体に影響を及ぼしているのであるから、なおさらである。先述したとおり、実朝が疱瘡に罹患したのは、承元二年（一二〇八）二月のことであるが、その年の十月には弟の時房を連れて熊《くま》野詣《のもうで》に出発している。その理由について、『吾妻鏡』は「御宿願《ごしゅくがん》を果たさんがために」としか記さないが、時期的に考えて、実朝の平癒祈願とみるのが妥当であろう。十月まで時間が空いているのは、熊野詣は灼熱の夏を避けるのが、当時の常識であったからである。『喫茶養生記《きっさようじょうき》』上巻（茶功能）には「尚ほ南方の熊野山、夏は参詣せず。瘴熱《しょうねつ》の地たる故なり」とみえている。

また、鎌倉の寿福寺に伝わる銅造薬師如来《やくしにょらい》坐像は、建暦元年（一二一一）に鶴岡八幡宮の神宮寺に祀られた政子発願の銅造薬師三尊像の中尊に当たると推定されている（奥一九九三）。政子が実朝の病気平癒を祈って造像させたものと考えてよかろう。最愛の息子のため、神仏に祈らずにはいられなかったのである。

政子の位置づけ

次に示す慈円の自筆書状断簡（『岩崎小弥太氏所蔵文書』一所収『手鑑』）には、実朝期の幕府の運営状況がよく表れている。すでに拙著『史伝 北条義時』でも紹介したが、重要な史料であるため、再掲する。

> 北条入道方《（北条時政）》、仰せらるべき次第、眼前に仰せられ了《おわ》んぬ。その詮は年来の事、且つ知り及ばしめ給ふ。世間の事、御成敗《ごせいばい》候《そうら》はざるの由承るの後、殊なる事無きの間、申さしめず。遁世《とんせい》の後も、師跡の事なと候。御祈の間の事も、三位中将《さんみちゅうじょう》の許に申さしめ候なり。尼御前方《（北条政子）》へも殊に申さしめ候なり。その旨、尤《もっと》も御心得《おんこころう》べく候なり。
> また相模守《（北条義時）》に仰せらるべき事。

毎事尼御前の御方・三位中将殿へも申され候なり。その上、争《いかで》か子細《しさい》達せず候や。毎事使者を召し問ひ、申沙汰せしめ給ふべきか。なに様にて申され候次第は、此の如く候なり。只今は大概を尤も示さるべく候なり。その様は大膳大夫広元に示し合はされ、進退せしめ給ふべきなり。彼の人に謁《えっ》せず、無音の条は、専ら宜《よろ》しかるべからず、宜しかるべからず。

年時は未詳であるが、実朝の官職を「三位中将」と記すことから、前掲慈円書状と同じ承元・建暦年間に執筆されたと考えられる。また、宛所《あてどころ》を欠くが、「仰せらる」という後鳥羽院とおぼしき貴人に触れることや、幕府の要人に対する連絡事項について慈円が細々とした助言を与えていることから、後鳥羽院が鎌倉に遣わす使者に対し、鎌倉の事情に通じた慈円が出した書状ではないかと推測される。

私信の性格上、内容の一々を厳密に解釈するのは至難であるが、源実朝・北条政子・北条義時・大江広元といった幕府の中枢にいる人物のみならず、「北条入道」すなわち隠退した北条時政までが登場していることは注目に値する。

元久二年（一二〇五）、時政・牧の方夫妻は、伊豆への隠退を余儀なくされたが、その後は幕府との関係を喪失したことから注目を浴びることは少ない。『吾妻鏡』には、建保《けんぽう》三年（一二一五）正月六日に時政が七十八歳で亡くなったことがみえるのみである。したがって、本書状は隠退後の時政の動向を窺わせる貴重な史料でもある。

時政に関わる箇所は、書状の前半部分である。すなわち、慈円の眼前で、後鳥羽院が時政に伝えるべき内容を仰った。その内容は、「年来の事」（鎌倉における政変の事情か）について後鳥羽は知っていたが、時政が「世間の事」（幕府の政務か）を成敗していないということを聞いて以降、特別な事がなかったため、時政に連絡はしなかった。時政の遁世《とんせい》後も、「師跡の事」を相談した。「御祈の間の事」も、実朝と政子に申し上げた、と解釈できる。「師跡」については不明だが、「御祈」については、実朝や政子にも支援を要求しており、これは後鳥羽の意向でもあったことがわかる。

見逃せないのは、隠退後の時政が、後鳥羽院の連絡先として、幕政の第一線で活躍する義時と並記されている点である。これは、専権を振るっていた頃の時政と後鳥羽院が、緊密な関係にあったことを示唆するものである。また、後鳥羽院が隠退した時政に依然目を配っていたことも興味深い。この事実を重視すると、時政の失脚は、その政治生命の途絶を意味するものではなく、政子・義時との関係もある程度修復していたのかもしれない。

一方、書状の後半部分では、慈円が義時への連絡と併せて、政子と実朝にもその用件を伝えるよう、使者に助言している。このことは、幕府の実質的な主導者が執権義時であることを示している。そして、実朝のみならず、政子にも伝えるよう指示している点は、政子が頼朝の後家として、京都側からも一目置かれていたことを窺わせる。

また、あわせて大江広元にあらかじめ相談して行動するよう指示しているのも重要である。広元が公武交渉の窓口として認識されていたことを示すものに他ならない。

本書状は、慈円の幕府要人に対する政治的評価を知る上で興味深い内容であるといえよう。将軍実朝だけでなく、政子や義時にも用件を伝える点に、この時期の幕府の運営状況がよく表れている。

時政の「ワカキ妻」

ここで、時政の後妻、政子の継母である牧の方についても触れておこう。

明治時代に活躍した劇作家・坪内逍遥《つぼうちしょうよう》が牧の方をシェイクスピアのマクベス夫人（夫を叱咤して主君の暗殺をはかる女性）になぞらえて書いた戯曲『牧の方』の存在からもわかるように、牧の方もまた悪女として認識されてきた人物である。

しかし、すでに実朝の婚姻を述べる場面で触れたように、幕府側の窓口となって婚姻の成立に尽力したのは牧の方である。この婚姻によって、後鳥羽院と実朝が義兄弟の関係となり、公武融和の時代が訪れたことを考えたとき、牧の方の功績は大きいといえよう。

残念ながら、牧の方の生没年は未詳である。しかし、いくつかの史料から推定することはできる。『愚管抄』には「時正《ママ》ワカキ妻ヲ設ケテ、ソレガ腹ニ子共設ケ、ムスメ多クモチタリケリ」とみえ、牧の方が時政にとって「ワカキ妻」であったこと、たくさんの娘を儲けたことがわかる。他の系図類も参照すると、少なくとも一男四女を産んでいることが確認できる。

娘たちの生年や嘉禄《かろく》三年（一二二七）に牧の方が時政の十三回忌を京で行っていること（後述）などを勘案すると、牧の方は一一五〇年代後半～六〇年代の生まれではなかったか。政子の年下の可能性もあり、一一三八年生まれの時政とはかなりの年の差夫婦である。もちろん、この数字は推測の域を出ないが、時政が自分の娘ほども若い女性を後妻に迎えたこと、そして政子や義時が同世代の女性を継母にもったことは確かであろう。

牧の方の家系は、白河院や鳥羽院に仕える院近臣を輩出する一族であった。したがって、時政は貴族社会の事情に明るく、幅広い人脈を持つ一族の女性を後妻に迎えたのである。実際、彼女のもつ人脈は、娘たちの婚姻などさまざまな場面で活用され、北条氏の躍進を支えることとなった。

晩年の牧の方

事件後の牧の方は、時政とともに伊豆に隠棲したと考えられるが、史料上からはしばらく姿を消す。再び活動が確認できるのは、嘉禄二年（一二二六）十一月である。牧の方は上洛を果たし、翌年正月二十三日には、娘婿にあたる藤原国通《くにみち》の有栖川《ありすがわ》邸において、亡夫時政の十三回忌供養を執り行った。供養は、娘たちのほか、国通や冷泉為家《れいぜいためいえ》ら公卿（大臣や従三位以上の高官）六名、殿上人《てんじょうびと》（清涼殿への昇殿を許された、公卿に次ぐ高官）十名、諸大夫《しょたいぶ》（公卿、殿上人を除く四位、五位の貴族）数名が出席するという盛大なもので、牧の方のもつ人脈の広さは健在であった。

さらに、供養の後には、宇都宮頼綱に嫁いだ娘と身重の孫娘（冷泉為家の妻）を引き連れて天王寺や南都七大寺に参詣している。歌人の藤原定家（為家の父）は、嫁の体調を心配し、自身の日記『明月記《めいげつき》』に「身重の女性を連れて行くとはいかがなものか」と不満を記している。しかし、牧の方にとってはどこ吹く風、親子三世代で遠出を楽しんだようである。

牧の方の没年については、寛喜《かんぎ》元年（一二二九）四月二十二日死没の可能性がある。『明月記』寛喜元年（一二二九）六月十一日条に、為家室の用途負担で四十九日仏事が有栖川邸で催された記事がみえ、これが牧の方の四十九日ではないかと考えられる。先の推定に従えば、享年は六十代後半ではないだろうか。

なお、政子との関係については、のちに対立することから、当初より不仲であったと捉えられることが多い。しかし、同世代の女性同士、案外仲良くやっていたのではないだろうか。頼朝と亀前の浮気を政子に伝えたのは牧の方であるが、これも意地悪で告げ口したのではなく、継母として娘を心配しての行動であった可能性も十分にあると思う。また、政子が亡くなる前後には、牧の方の産んだ娘（政子の異母妹）たちが、わざわざ京都から鎌倉に下っている。当然、牧の方もこのことを承知していたであろうから、両者の対立関係もある程度は修復されていたのではないかと考えられる。

第十節　和田合戦

女人の口入に足らず

承元《じょうげん》三年（一二〇九）五月、侍所別当をつとめる宿老・和田義盛《わだよしもり》が実朝に内々に上総介《かずさのすけ》への推挙を懇願してきた。さらに、その数日後には嘆願書を大江広元に提出してきた。

しかし、受領《ずりょう》の地位は源氏一門と京下りの吏僚に限られていた。したがって、和田義盛を推挙すれば、頼朝の定めた先例を破ることになる。悩んだ実朝は、政子に相談をした。政子は「侍身分の武士を国司に任じないことは、頼朝様の時に決定している。したがって、義盛の望みを許すことはできない。もしそれでも、あなたが新しい例を作ろうというのであれば、女人の私が口を出すことではありません」と答え、反対している。

ただし、この回答には嘘が含まれている。すでに、正治《しょうじ》二年（一二〇〇）に時政が遠江守、元久元年（一二〇四）には義時が相模守に補され、北条氏が他の御家人を上回る立場を得ていた。したがって、政子は和田一族が勢力を増すことを恐れて反対したのではないかと考えられる。和田氏が勢力を拡大した場合、窮地に陥るのは、義時と、和田と同じ三浦一門に属する三浦義村である。政子はそのあたりのことも考慮して返答したのではないだろうか。

一方、義盛が上総介を望んだ理由は、義盛が上総国伊北庄《いほうのしょう》を本拠とすることから在地支配の利便を得るため、また受領就任によって北条氏に対抗しうる立場を築くためであった。国衙《こくが》（国司の役所）は交通の要衝に立地するだけに、鎌倉時代においても、その掌握は重要であったし、すでに義盛は長く左衛門尉《さえもんのじょう》の職にあり、受領を望むのも至極当然であった。加えて、義盛はこの時六十三歳。老境を迎え、世代交代を考えていたとて不思議ではない。義盛は、上総介就任によって、和田氏の政治的地位をより盤石なものにした上で、嫡子常盛《つねもり》への家督継承を行う想定であったと考えられる。

実朝も、義盛が受領拝任の栄誉に浴し、家名を上げることが和田一族の家督としての最後の責務と考えていることを重々承知していた。ゆえに、頼朝の政治方針に背くことになるとわかっていても、政子に相談を持ち掛けたのである。

結局、義盛の願いは聞き届けられず、義盛は自ら嘆願書を取り下げている。しかし、和田一族の現幕府体制に対する不満は募るばかりであった。建暦三年（一二一三）二月、この頃より、頼家の遺児を擁立し義時を殺害する策謀（泉親衡《いずみちかひら》の乱）が水面下で進んでいた。

泉親衡の乱

すべては、千葉成胤《ちばなりたね》が安念法師《あんねんほうし》を生け捕りにし、幕府に差し出したことに始まる。安念の白状により信濃国住人の泉親衡が中心となり、頼家の遺児千寿丸《せんじゅまる》を擁立し、義時を殺害する計画が露見した。さらに謀反に加担した者が各所で生け捕りにされ、すでに触れたように首謀者は百三十人余り、伴類は二百人にも及び、信濃国の住人、和田の関係者などが含まれていた。

結局、親衡自身が姿をくらまし、頼家遺児の擁立は未然に防がれたが、ここに和田氏が含まれていたことは大きな問題であった。『吾妻鏡』では、義盛は一族の謀反を受けて、すぐに上総国伊北庄より鎌倉に馳せ参り、実朝に謁して子息の処罰を免れている。しかし、その一方で義時による厳重な処置も行われた。義盛甥の胤長《たねなが》を一族の目の前で面縛《めんばく》（両手を後方で縛る、屈辱的な行為）して軍奉行《いくさぶぎょう》の二階堂行村《ゆきむら》（行政の息子）に渡し、義盛が実朝から拝領していた胤長の屋地を自身が拝領したのである。命を狙われた義時からすれば、和田一族に厳しい処置を加えるのは当然であるが、義盛側からすれば、義時の行為は挑発以外の何物でもなく、もはや衝突は避けられないものとなっていた。

一方、『明月記』には、将軍御所で義盛粛清の密議が行われ、この動きを察した義盛は兵を集め、謀反の計画を立てた、とみえている。

したがって、和田氏は、義時主導の厳重な処罰に対する反発と和田氏粛清の動きへの対応という二段階を踏んで、挙兵に踏み切ったといえる。前者は、義時個人に対する深い恨みを起因とするが、後者は将軍の命により幕府軍に追討されかねない状況に追い込まれたためである。よって、和田一族は先手を打つ必要に迫られたといえよう。

合戦の始まりと終焉

和田合戦では、鎌倉を戦場とする市街戦が展開された。『吾妻鏡』によれば、義盛挙兵の報せが入り、政子たちが御所から逃げ出そうとした五月二日午後四時頃、義盛は嫡男常盛以下百五十騎を率いて将軍御所を襲ったという。義盛方の軍勢は三手に分かれ、御所の南門と義時邸の西門と北門を攻撃した。

さらに、義盛の軍勢は広元邸も襲撃し、御所の南西に位置する政所の前（横大路）に至った。ここでは、数回にわたって両軍が激突し、波多野忠綱《はたのただつな》と三浦義村による先登《せんとう》（先

和田合戦を描く『紙本金地著色和田合戦図』（都城市立美術館蔵）。朝夷名義秀が御所の門扉を打ち破る場面

駆け）争いが繰り広げられた。午後六時頃には、ついに和田方が御所を包囲し、北条泰時や朝時らが防戦したが、朝夷名《あさひな》義秀《よしひで》が惣門を破って南庭に乱入し、御所に火を放っている。

火の勢いは凄まじく、御所は灰燼に帰した。実朝は、火を逃れて御所の背後の山に位置する父頼朝の法華堂に逃れ、義時と広元もこれに同道した。おそらく、政子も同道し、実朝の御台所や御所で働く女房たちを引き連れての避難だったのではないかと思われる。頼朝の法華堂が避難先となったのは、和田方が御所の正門である南門から攻め上ってきたこと、また法華堂が御所の北側に位置し、微高地に建っていたからであろう。このとき焼失した御所は、建久《けんきゅう》二年（一一九一）の再建以来、頼朝・頼家・実朝と源氏三代が暮らしてきた御所であった。かつて頼朝と過ごした思い出の場所が焼けゆく様を、政子はどんな気持ちで眺めたのであろうか。政子の住む大御所（東御所）は延焼を免れているが、その精神的ショックは大きかったと想像される。

この間、御所では、義秀が猛威を振るい、防戦にあたった御家人たちを次々と斬り殺していた。しかし、時間が経つにつれ和田方も疲弊し、義盛は由比ヶ浜に退いた。

翌三日午前四時頃、横山時兼《よこやまときかね》が波多野忠常ら横山党を引き連れて義盛勢に合流した。これは義盛と時兼が前もって三日を「箭合《やあわせ》の期」と定めていたためである。したがって、義盛は本来五月三日に蜂起する予定であったが、和田氏粛清の密議を耳にし、急ぎ挙兵したといえる。こうして三千余騎ほどになった義盛軍は、再び息を吹き返し、御所を目指して市中へと侵攻した。

一方、午前八時頃には、中村氏など相模の武士たちが稲村ヶ崎の辺りに陣を布いていたが、形勢を窺い、どちらに味方すべきか決めかねていた。この事態を知った義時は、すぐに和田軍の追討を命じる御教書《みきょうじょ》を作成し、実朝の花押を据えて発給した。これを受け取った武士たちは皆義時に味方し、和田軍を攻めた。

午後六時頃、ついに大将軍の義盛が討ち取られ、和田一族の義重《よししげ》・義信《よしのぶ》らも討たれた。劣勢に追いやられた和田常盛や朝盛《とももり》らは戦場を去り、行方をくらました。その直後には、実朝が花押を据えた御教書が再び作成され、逃亡した残党の捜索が開始されている。

翌四日、片瀬川岸にさらされた和田方の首は、二百三十四を数えたという。かくして、和田合戦は北条側の完全勝利に終わった。

法華堂に逃げ延びて以降の政子の動向はわからないが、共に避難した者たちを励ましながら、戦況を見守っていたのではないだろうか。戦後処理においても、政子の姿は見えない。和田義盛の有していた侍所別当の地位さえも掌握し、幕府に揺るぎない立場を築いた義時に一任したのではないかと思われる。和田合戦における勝利によって、北条氏の政治的基盤は盤石なものとなった。

第十一節　皇子下向の交渉

実朝の後継者

建保六年（一二一八）、坊門信清の娘を御台所に迎えてから、十四年の月日が経とうとしていた。すでに実朝も二十七歳である。夫婦仲は良好であったが、未だに子がいない。これは、鎌倉殿の継承に関わる重要な問題であり、政子にとっても大きな悩みの種であったに違いない。そこで、この年の二月、幕府では政子が上洛し、実朝の後継者として天皇の皇子を迎えるため、朝廷と交渉することに決まったようである。弟の時房と政所執事の二階堂行光《ゆきみつ》（行政の息子）を随えた政子は、熊野詣と称して鎌倉を旅立った。将軍の交替は、幕府の最重要事項であるだけに、御家人たちの動揺を引き起こしかねない。皇子下向の交渉は、義時や大江広元といった幕府首脳陣しか知らない情報であったと考えられる。政子は、熊野詣も含め、二月二十一日から四月十五日まで、およそ二カ月ものあいだ京都に滞在することになる。

卿二位藤原兼子

朝廷側の窓口となったのは、卿二位藤原兼子《けんし》であった。兼子が十歳のときに父範兼《のりかね》が亡くなったため、姉範子《のりこ》と共に叔父の藤原範季《のりすえ》の許《もと》で育ち、範季が後鳥羽の養育にあたっていた関係から、範子と共に天皇の女房となった。建久三年（一一九二）に後鳥羽親政が開始すると、重要事件の申次を行うようになり、ついで後鳥羽院政の時期には、中次の女房の域を超えて政治にも介入するようになる。さらに、建仁《けんにん》二年（一二〇二）十月に源通親が死去し、後鳥羽院による独裁が開始されると、いよいよ権勢を強めた。通親の死後、初めて行われた除目《じもく》では、兼子の発言力が摂関家を圧倒するほど強大であったという。

後鳥羽院政期は女房伝奏《にょうぼうてんそう》（宮中の女官が天皇・上皇への上奏を行うこと）の傾向が一段と顕著となった時期であり、除目のような重事に関する奏事の伝奏にも女房の介在がみられる。このような状況下において、女房の代表格たる兼子が後鳥羽院に対する発言力を増大させるのは当然であった。兼子について、美川圭氏は「公家政権の有力な政策決定者の一人」と高く評価している（美川二〇〇六）。

女人入眼の日本国

さて、熊野詣を終えた政子は、京都へ立ち寄り、この卿二位と何度か面会の機会を持っている。政子より二歳年長の卿二位には、自分の養育している頼仁《よりひと》（後鳥羽の皇子）に皇位への見込みがなければ、鎌倉殿にしたいという思惑があったようで、兼子の方から積極的に政子のもとを訪れたようである。協議の結果、冷泉宮頼仁親王《れいぜいのみやよりひとしんのう》を候補とする内諾を結んでいる。また、政子は卿二位の斡旋で朝廷から従三位に叙されている。出家者の叙位は異例のことであったため、朝廷の会議は難航した。さらに、後鳥羽院からも対面の申し出があったが、政子は「辺鄙《へんぴ》の老尼、龍顔《りょうがん》（天皇の顔）に咫尺《しせき》（お目にかかること）するもその益なし。しかるべからず」と断り、鎌倉に帰ってしまった。詳細は不明であるが、実朝に実子がいない弱みを見抜かれ、これ以上、後鳥羽院や卿二位に取り込まれることを避けたのかもしれない。

なお、慈円は、この東西の女性政治家の対面をみて、次のように評している。「女人入眼《にょにんじゅがん》の日本国、いよいよまことなりけりと云ふべきにや」。すなわち、日本国というのは、女性が最後の仕上げをする国なのだという。皇子の鎌倉殿就任という日本国の統治に大きくかかわる重要な局面を迎えたとき、その一翼を政子は担ったのであった。

さらに、半年後、政子を従二位に叙す報せが朝廷からもたらされた。これ以降、政子は「二位殿」や「二位尼」などと呼ばれることになる。二位は、頼朝や実朝と同等の位階である。皇子を下向させたい卿二位、そして皇子を下向させることで幕府をも支配下に置きたい後鳥羽院は、政子を優遇することで、皇子下向を実現しようと考えたのであろう。このことは、鎌倉殿の継承に関する最終決定権が、頼朝の後家である政子にあったことを物語る。

いくら虚弱体質であるとはいえ、実朝には今後男子が生まれる可能性もある。そのような状況で皇子下向の承諾を得たことは、やや性急にも感じられるが、幕府存続に関わる重大事であり、かつ将軍の後見であることを権力掌握の淵源とする執権北条氏の地位を安定させるためにも、進められたと推測される。何より実朝自身が将軍職を譲る意志を持っていたとみてよい。実子なく源氏将軍の断絶を意識していた実朝には、官位を上昇させ将軍家の家格を上げたうえで譲りたいという意向があった。

実朝の悲劇

実朝は順調に官位を昇進させたが、承久《じょうきゅう》の乱後に成立した『承久記』は、朝廷が実朝の意のままに官位を与え、「官打《かんう》ち」にするために実行されたといっている。「官打ち」とは、分不相応な官位の昇進を行い、その人が官位の重さに負けて、不幸な目にあうことをいう。

しかし、元来、将軍家は摂関家庶子に準じた家格を有しており、晩年の実朝の昇進は決して異例と言える程のものではなかった（元木一九九七）。したがって、『承久記』は、実朝が右大臣拝賀の場で暗殺されたことや、この死を契機として朝幕関係が悪化し、承久の乱が勃発したことを「官打ち」と結びつけて語ったにすぎない。

さて、政子の交渉により、皇子下向の内諾を得た幕府ではあったが、承久元年（一二一九）正月二十七日、すべてが水泡に帰する惨劇が起きた。右大臣拝賀の儀式中、鎌倉殿実朝が頼家の遺児公暁《こうぎょう》の刃に倒れたのである。ときに政子六十三歳。最愛の息子を失った母親は、尼将軍として歴史にその名を残すことになる。

コラム2 永福寺に経塚を造らせたのは誰？

建久三年（一一九二）、源頼朝は鎌倉に永福寺《ようふくじ》を創建した。永福寺は、奥州合戦の際、頼朝が平泉で毛越寺《もうつうじ》や中尊寺《ちゅうそんじ》を目にし、その壮大な大伽藍に感銘を受けて建立された寺院である。その完成供養は三井寺《みいでら》から高僧を招き盛大に行われた。平家一門や奥州藤原氏を滅ぼし、戦時から平時へと移るなか、頼朝は内乱の終結を象徴するモニュメントの一つとして永福寺を建立し、内乱の犠牲者の菩提《ぼだい》を弔ったのであった。

昭和五十六年（一九八一）より始まった発掘調査の結果、永福寺は二階堂・阿弥陀堂・薬師堂が複廊でつながり、建物の前には大きな池があったことなどがわかっている。

さらに、この建物の正面に位置する山の頂上からは経塚《きょうづか》がみつかった。片口鉢で蓋をした大きな渥美焼の甕《かめ》の中に、銅製の経筒《きょうづつ》が入れられ、数珠《じゅず》・梳櫛《すきぐし》・短刀・扇《おうぎ》など多くの副葬品も納められていた。これら出土品の年代は、十二世紀末から十三世紀初頭と考えられ、永福寺の創建と同時期のものである。

経塚とは、経典を地下に埋納した場所のことをいう。末法《まっぽう》思想が広まるなかで仏教の教えを未来に伝えるため、自らの極楽往生を願い徳を積むため、あるいは亡くなった人の追善供養のために造ったと考えられている。永福寺創建から間もないころ、誰が境内を見下ろす一等地に経塚を造らせたのだろうか。永福寺の建立を命じた頼朝か、彼に近しい人物であったに違いない。

永福寺跡経塚出土品（鎌倉市教育委員会蔵）

　ここで注目されるのは、出土品のうち、白《はく》磁《じ》の小壺（景徳鎮窯《けいとくちんよう》）の中に背を下に向けた状態で納められていた梳櫛十枚である。女性の化粧道具のひとつである櫛の存在は、経筒の埋納に女性が関与した可能性を窺わせる。経塚の場所、そして頼朝に近しい女性ということになれば、政子が関わっている可能性は十分に認められる。政子が経塚を造らせたのであれば、武家政権樹立のために犠牲となった人々を鎮魂し、将軍家の繁栄を願ったのではないだろうか。推測の域を出ないが、鎌倉初期の経塚造営の様相を伝える優美な出土品であることは間違いない。

第三章　尼将軍の時代

第一節　実朝暗殺の衝撃

実朝の最期

建保《けんぽう》七年（一二一九）正月二十七日、雪の降る鶴岡八幡宮で前代未聞の鎌倉殿暗殺事件が起きた。右大臣拝賀の折に、実朝が甥の公暁《こうぎょう》に殺されたのである。

この事件について、詳しく記すのは、『吾妻鏡』と『愚管抄』である。しかし、両書の内容は、北条義時が事件現場にいたのか否かという点で大きく異なる。

すなわち、『吾妻鏡』同年正月二十七日条によれば、午後六時ごろ、実朝一行は御所を発し、鶴岡八幡宮を目指した。しかし、実朝が八幡宮の楼門を入ったところで、実朝の御《ぎょ》剣役《けんやく》であった義時が体調不良となり、剣を源仲章《みなもとのなかあきら》に譲って退出し、神宮寺で回復した後、小町の自邸に帰ったという。同年二月八日条では、義時が命拾いしたのは、前年に大

源実朝木像(甲斐善光寺蔵)

倉薬師堂を建立し、十二神将を安置したことの加護によると説いている。

右大臣拝賀終了後、実朝は公暁に襲われて首を斬られた。石段の上で名乗りを上げた公暁は、姿を暗まし、後見人の僧侶である備中阿闍梨《びっちゅうあじゃり》の雪下北谷の宅に逃れた。食事を取る間も実朝の首を手放さなかったという。そして、乳母夫《めのと》の三浦義村《みうらよしむら》に使者を遣り、「今、将軍の座が空いている。私が「東関の長」をつとめるので、早く取り計らうように」と伝えた。これを聞いた義村は、迎えの兵士を出すので自分の家に来るようにと答える一方、使者が去ると義時に事の次第を報告した。義時はすぐに公暁を誅殺するよう命じた。そこで、義村は討手を差し向けた。

公暁は、義村の宅に向かう途中で討手と遭遇し、討ち取られた。公暁の首は義村が義時の邸宅に持参し、義時が首実検を行ったという。

一方、『愚管抄』は、鎌倉に下向し、拝賀に参列した五名の公卿《くぎょう》を列挙した後、次のように記す。

夜になって、奉幣《ほうへい》を終えた実朝は宝前の石橋を下り、公卿たちの前を下襲《したがさね》（束帯や布袴装束の際に内側に着る衣服）を引きながら、手には笏《しゃく》を持って進んでいた。そこに、兜巾《ときん》（修験道の山伏が被る頭巾）を被った法師が走り寄り、下襲の上を踏みつけて、太刀で頭部に切りかかり、転倒したところで、その首を打ち落とした。すぐに同じような姿をした三、四人が現れ、供奉する者を追い散らし、実朝の前で松明を振っていた源仲章を義時と思って斬り殺し、行方をくらませた。義時は、太刀を持って実朝の傍らにいたが、実朝が中門に止まるよう命じたので留まっていた。多くの者が用心していなかったことは、いうべき言葉もない。

皆が蜘蛛《くも》の子を散らすように逃げていくなかで、公卿たちも逃げたが、賢い平光盛《たいらのみつもり》だけは境内に入らず、鳥居のあたりで待っていたので、自分の牛車に乗って帰った。皆散り散りになり、鳥居の外に控えていた数万の武士は事件を知らなかった。この法師は、頼家

実朝が公暁に暗殺された鶴岡八幡宮の大石段(鎌倉市)

の遺児で、八幡宮の別当にしていたのだが、長く思い続けて、今日このような本意を遂げたのである。一の刀のとき「親の敵はこのように討つのだ」と言ったのを、公卿たちは皆はっきりと聞いたという。

『愚管抄』は、平光盛(頼盛の息子)の行動を特筆しており(傍線部)、慈円が光盛の話を書き留めていたことを窺わせる。したがって、『愚管抄』の実朝暗殺に関わる記述は、殺害現場を目撃した光盛自身の体験談がもとになっていると考えてよく、かなり信頼できる記事であるといえる(平泉一九九〇)。

また、その記述からは、公暁が長年のあいだ恨みを抱いていたこと、その動機は父頼家の敵討ちであり、実朝と義時の殺害が目的であったことがわかる。また、義時は太刀を持って将軍の傍近くに仕える御剣役《ぎょけんやく》であったが、実朝から本宮には入らず、中門に控えているよう命じられていた。この結果、松明を持ち、実朝の前を歩いていた源仲章が誤って殺された。したがって、義時は命こそ助かったものの、目の前で将軍実朝を殺されてしまったことになる。

黒幕説の検討

実朝の死の真相については、古くからさまざまに議論されてきた。主に北条義時黒幕説、三浦義村黒幕説、公暁単独説がある。義時黒幕説は、『吾妻鏡』の記述に基づき、義時にアリバイがあることから、実は実朝の暗殺を裏で指示していたのではないかと考えるものである。こうした考えは、古く新井白石《あらいはくせき》（幕臣・史家）の『読史余論《とくしよろん》』に見えるが、のちに義時が承久の乱で勝利し、院・天皇を配流に処すことから、不忠の臣のレッテルを張り、きっと実朝暗殺も義時の仕業に違いないと断ずる結論ありきの説にすぎない。

次に、三浦義村黒幕説であるが、これは永井路子氏が歴史小説『炎環《えんかん》』のなかで示した解釈で、中世史の大家である石井進氏がその可能性を認めたことにより、多くの研究者の支持を得た。永井氏は、拝賀の行列に義村の姿がみえないこと、また公暁が乳母夫の三浦義村を頼ったという『吾妻鏡』の記述に注目し、義村は、公暁に実朝と義時を討たせると同時に、義時の小町邸を攻める計画を立てていたが、一枚上手の義時にかわされ、義時暗殺に失敗すると、口封じのために公暁を討ったのではないか、と推理している。

しかし、義村黒幕説については、つぎつぎと疑問が浮かんでくる（田中稔「〔書評〕石井進著『日本の歴史7　鎌倉幕府』」）。義村が実朝・義時暗殺を企て、それを義時が察知していたならば、なぜ義時はしかるべき手を打たなかったのだろうか。自分の命を狙う人間を義時が見過ごすわけがない。

もし仮に義村が公暁擁立を本気で考えていたのならば、実朝・義時のみならず、北条時房や泰時ら北条一族を滅ぼさなければ、幕府の実権を掌握することは不可能である。その場合、和田合戦のような大規模な戦闘を想定した軍事行動を起こすための準備が必要となるが、果たして隠密に進めることができたのかも疑問である。加えて、公暁とその仲間うち数名を殺したところで、本当に口封じになるのか。三浦氏の陰謀をすべて隠し通せるとは思えない。

そもそも、義時黒幕説も義村黒幕説も、『吾妻鏡』の記述のみに基づくため、論証としては弱い。名はみえずとも、義村が鶴岡八幡宮にいた可能性は捨てきれない。

むしろ、真相を伝える史料として重視すべきは、『愚管抄』の方である。当時、将軍暗殺を止められなかった幕府首脳陣に対しては、公家側から相当に非難の目が向けられた（平泉一九九〇）。幕府の首長暗殺を易々と許したのであるから当然である。このことが、『吾妻鏡』の編纂時にも問題となって編纂者が偽作を余儀なくされた可能性は高い。

要するに、『吾妻鏡』は拝賀に供奉しながら、実朝の暗殺を防ぐことができなかった義時を弁護するために、脚色を加えたのであった。したがって、『吾妻鏡』に基づく義時黒幕説は成立しえない。実朝を失ったことは、義時の生涯における最大の失態といってよい。

結局、消去法ではあるが、公暁による単独犯行と考えるのが妥当である。『吾妻鏡』の記事が偽作である可能性が高い以上、これに基づいて黒幕説を唱えることは意味を持たない。おそらく公暁は、長い間、自分こそが正統な後継者であるという意識を持っていた。しかし、次期将軍に皇子を迎える計画を耳にしたことで暗殺を決意し、義時を殺すことで親の敵を討ち、将軍実朝の命を大勢の目の前で奪うことによって、自身こそが次の将軍になるべき人物であることを主張する意図があったのだろう。

報われない努力

実朝がこの世を去り、政子と頼朝の血を引く源氏将軍は途絶えた。政子がもっとも恐れた事態が現実となったのである。このような悲劇が訪れぬよう、実朝と猶子関係を結ばせ、乳母夫には信頼する三浦義村を選び、鶴岡八幡宮の別当の座を用意するなど、公暁には相当に目を掛けてきたが、そうした努力はすべて水泡に帰した。暗殺の一報を耳にしたときの様子は史料に見えないが、再び子を失った苦しみを味わい、なぜ公暁を止めることができなかったのか、後悔の念に苛まれたことであろう。

しかし、悲しんでばかりもいられない。将軍が不在となった今、事態を収拾し、幕政を主導できる人物は頼朝の後家政子をおいて他にいない。皮肉にも、息子の死によって、政子は「尼将軍」として歴史にその名を遺すことになる。

第二節　尼将軍誕生

暗殺事件の余波

実朝の死を契機として、政子は政治の表舞台にたびたび登場するようになった。実朝が亡くなったその日（承久元年正月二十七日）、政子は今夜中に公暁一党を糾弾するよう御家人たちに命じている。さらに、使者を派遣し、朝廷に実朝の死去を報告した。

翌日には、実朝の御台所をはじめ、安達景盛・二階堂行村ら御家人百人あまりが実朝死去の悲しみに堪《た》えられず出家を遂げた。実朝の遺体は棺に納められ、勝長寿院《しょうちょうじゅいん》（頼朝が父義朝の菩提を弔うために建立した源氏の菩提寺）の傍らに埋葬されたが、未だに首は行方知れずだった。

二月十三日、政子は二階堂行光を上洛させ、後鳥羽院の皇子である六条宮《ろくじょうのみや》（雅成《まさなり》）か冷泉宮《れいぜいのみや》（頼仁《よりひと》）を関東将軍として下向させてほしい旨を要請している。ここで行光が使者として選ばれたのは、彼が前年の政子の熊野詣に同行し、卿二位兼子と交わした内諾についても、その事情をよく知っていたからであろう。

鎌倉で次の将軍要請の準備を進めていた頃、駿河《するが》国では謀反の動きがあった。同月十五日、駿河国より飛脚が到着し、阿野全成と妹阿波局の息子である阿野時元《ときもと》が駿河で多勢を率いて深山に城郭を構え、東国支配を認める宣旨を得ようと企てているとの情報が入ってきている。時元としては、源氏一門と北条氏、両方の血を引く自身こそ次の将軍に相応しいと考えたのであろう。しかし、政子はすぐに謀反の鎮圧を指示し、義時が家人の金窪行親《かなくぼゆきちか》らを駿河に派遣して、時元の誅殺を命じている。政子は、京都から新しい将軍を迎えるための交渉を進めながら、将軍の座を狙う動きにも目を光らせねばならなかった。

京都との折衝

幕府から皇子下向の要請を受けた朝廷では、卿二位が冷泉宮下向の実現に向けて動いたが、後鳥羽院の了承を得ることができず、政子との内諾は白紙となった。後鳥羽は皇子を送れば、将来、日本国を二分することになるとして、皇子の下向を認めず、今はその時ではないとして曖昧な返事を送った。皇子を将軍に据え、実朝を介して幕府を意のままに操るという目論見が不可能となった以上、政子の要請を受け入れることはできなかった。武家の首長である実朝を易々と殺された義時たちへの憤りは当然あったであろうし、そのような場所へ皇子を送ることへの不安もあったかもしれない。

曖昧な態度の後鳥羽に対し、政子は再び皇子下向の早期実現を促す使者を派遣した。これと前後して、後鳥羽院も使者として藤原忠綱《ただつな》を遣わしてきた。忠綱は、まず政子、次いで義時のもとを訪ね、実朝急逝を弔うと同時に、院の意向として摂津《せっつ》国長江《ながえ》・倉橋荘《くらはしのしょう》（大阪府豊中市）の地頭職を改補《かいふ》（現任者を解職して別人を任命すること）するよう命じてきた。後鳥羽は、あえて無理難題を押し付けることで、政子・義時の反応を窺い、今後の幕府対応を見定めようとしたのである（上横手一九七一）。

当然、御家人の所領保護を大原則とする幕府がこのような要求を受け入れられるはずもない。三月十五日、弟の時房が千騎の武士を率いて上洛し、院の要求を拒否するとともに、再び将軍の下向を求めている。この結果、後鳥羽は、摂関家の子弟の下向をしぶしぶ認め、幕府では、九条教実《のりざね》（道家《みちいえ》の長男）を迎えるという意見が三浦義村から出されたが、最終的には、九条道家の四男三寅《みとら》に決まった。

この実現に漕ぎつけたのは、一般に親幕派で三寅の祖父にあたる西園寺公経《さいおんじきんつね》の尽力が大きかったとされるが、建保五年（一二一八）十一月に後鳥羽の勘気をこうむり、公経の政治力は低下していた。そこで、近年では、三寅下向の立役者は摂関家出身の慈円《じえん》（『愚管抄』の著者、道家の叔祖父）であったと考えられている。折しも、建保七年（承久元年）の春・夏、慈円は後鳥羽の祈禱を勤仕《ごんし》しており、両者の関係は良好であった。後鳥羽に三寅の下向を訴えた可能性は十分に認められる（坂口二〇二〇）。

かくして、承久元年六月三日、下向の宣下がなされ、同月二十五日、三寅は都を出立した。政子が朝廷に交渉をもちかけてから四カ月近くの歳月を経て、ようやく幕府は新しい将軍を迎えたのである。

尼将軍政子の誕生

七月十九日、三寅は鎌倉に到着すると、大倉の義時邸に入り、政所始めの儀式が執り行われた。三寅はこれ以降、義時邸を居所としており、義時が後見役を務めていることがわかる。

わずか二歳の三寅が政治を主導できるはずもなく、幼少のあいだは、政子自らが「簾《れん》中《ちゅう》にて理非を聴断」する、すなわち幕政を主導することに決めた。いわゆる「尼将軍」の誕生である。政子のニックネームでもある「尼将軍」の呼称は、政子存命時から存在したのかは明らかでないが、『愚管抄』などの同時代史料をみるに、政子が源家将軍の跡を受け継いだと捉えられていたことは確かである（藪田二〇〇八）。

四代将軍としての政子

先ほど、三寅を「新しい将軍」と説明したが、厳密にいえば、三寅が元服して頼経《よりつね》を名乗り、征夷大将軍の宣旨が下るのは、嘉禄《かろく》二年（一二二六）正月、政子が亡くなった後の

九条頼経（『集古十種』より。国立国会図書館蔵）

ことである。現在の教科書などでは、鎌倉幕府の将軍について、初代を頼朝、二代を頼家、三代を実朝、四代を頼経と数えているが、鎌倉時代の人々は、四代を政子、五代を頼経と認識していた。『吾妻鏡』の巻首にある「関東将軍次第」や『鎌倉年代記』『武家年代記』などの史料では、歴代将軍に政子も名を連ね、実朝死去の承久元年（一二一九）から政子がこの世を去る嘉禄元年（一二二五）の間は、政子の治世であったと記されている。

この期間に、幕府が発給した文書は、御家人たちに、「二位殿御下知状《おんげちじょう》」などと呼ばれ、尼将軍政子が発給主体であると考えられていた。また、政子の死後、北条泰時が制定した『御成敗式目《ごせいばいしきもく》』第七条では、「三代の将軍ならびに二位殿の時に与えられた所領は訴訟があっても改められない」と定められている。さらに、五代執権である北条時頼晩年の正嘉《しょうか》二年（一二五八）の追加法でも、「三代将軍ならびに二位家の御成敗は改められない決まりであるが、今後は泰時が沙汰した嘉禄元年（一二二五）から仁治《にんじ》三年（一二四二）の御成敗も、これに準じて改めない」と決められている。源氏将軍期と同様、政子の治世に決められたことも、先例として認識されていたのである。

義時の単署下知状

尼将軍の時代、幕府では将軍が不在となったため、下文が発給されることはなく、義時の単署下知状《たんしょげちじょう》（将軍の命令を執権が承って下す奉書）が発給されたが、他の時代とは異なる特徴がある。すなわち、通常、下知状の書き止め文言は「鎌倉殿の仰せによって下知件《くだん》のごとし」であるが、政子の治世は「仰せによって下知件のごとし」とのみ記され、「仰せ」の主体が明記されない。政子は実質的な将軍ではあったが、朝廷から征夷大将軍任命の宣旨を賜っているわけではない。当時の慣習では、律令官職のほとんどに女性は任じられず、あくまで政子は三寅が成長するまでの中継ぎの将軍である。先述した通り、幼い三寅も征夷大将軍の宣旨を得ておらず、朝廷の公認を得た将軍は不在の状況であった。このような特殊な状況では、「仰せ」の主体をあいまいにする他なかったのではないだろうか（野村二〇〇〇）。

なお、義時の単署下知状については、義時の判断によって発給されたとの見解も出されているが（岡田二〇一九）、義時と政子は政治的立場を同じくすることから、将軍政子の「仰せ」を執権義時が受けて発給されたと考えるのが妥当であろう（田辺二〇二〇）。

和字の御文

政子は、「和字《わじ》の御文《おんふみ》」を与えることもあった。これは、大江広元らを奉者として政子の意を奉じた仮名《かな》の奉書である。その内容は、御家人の所領支配や相続に関わるもので、将軍の下文《くだしぶみ》・下知状《げちじょう》と同等の効力を有した。注目すべきは、和字の御文が実朝期から発給されていたことである。これは、実朝期の政子が、独自に文書を発給し自らの意志を伝達する手段を持っていたことを意味する（田辺二〇一九）。

たとえば、建永《けんえい》二年（一二〇七）四月には、将軍実朝から安芸国沼田荘《あきぬまたのしょう》の地頭である小早川茂平《こばやかわしげひら》に対して所領安堵の下文が出されているが、ここに政子の和字の御文が副《そ》えられていた（「小早川家文書」文永三年関東下知状所引）。和字の御文には、「如何《いか》にも〳〵土肥《どひ》が沙汰し置たらむまま沙汰すべきの由、各《おのおの》にも仰せらるべしと仰す事に候ふ」とあり、土肥氏を先祖にもつ小早川氏に対し引き続き沙汰するよう命じている。政子が頼朝の後家という特別な立場から幕政にも関与することができたことを示す事例といえよう。

なお、「和字の御文」とは、すべてが仮名(和字)で書かれているのではなく、先にみたように(第二章87ページの「伝北条政子書状」参照)、真名《まな》(漢字)に仮名が混じった文書であった。そもそも真名は男性が使用し、女性はもっぱら仮名を用いたので、仮名は女文字ともいわれ、和歌の流行とともに盛んになり、消息《しょうそく》を書くのにも用いられるようになった。中世の朝廷では、女房が力を持つようになると、女房が院や天皇の意向を綴《つづ》って伝達する女房奉書という新しい文書形式が生まれた。政子の仮名文書も、こうした女性の文字文化の流れを汲むものとして位置付けられる(野村二〇〇〇)。

では、男性は仮名を用いなかったのかというと、そうではない。男性もまた和歌や消息を書く際に仮名を用いることがあった。仮名には、書き手にとっては、発給者の心情をより明確に伝達させる効果があり、読み手にとっては、真名文書よりも意思が直接的に伝わりやすく、解読できる人も多くいるという利点があった(船越二〇〇五)。

『吾妻鏡』では、頼朝が吉田経房《よしだつねふさ》宛の書状の追而書《おってがき》(書状の端や別紙に書き添える追伸)や大江広元を奉者として発給した北条時政宛の奉書などで、仮名文書を使用していることが確認できる。したがって、政子の仮名文書が幕府発給文書と同等の効力をもったのは、仮名文書の公的な場での使用がすでに武家社会にも広まっていたからともいえよう。

『貞観政要』の講読

室町中期に成立した一条兼良《いちじょうかねよし》著『樵談治要《しょうだんちよう》』によれば、政子は菅原為長《すがわらためなが》(一一五八〜一二四六)に対して『貞観政要《じょうがんせいよう》』十巻を仮名書きにするよう依頼し、それを政治の助けとしていたという。

この『貞観政要』とは、唐《とう》の貞観年間に、二代皇帝の太宗《たいそう》(五九八〜六四九)とその臣下とが交わした政治に関する議論を主題ごとに分類した書物である。唐による統治を軌道に乗せ、太平の世を築いた太宗が政治を行う際にどんなことを心掛けていたのかを学ぶことができる。日本には、平安前期までには伝来し、為政者の必読書、帝王学の書として重んじられた(石見二〇二二)。一条天皇や高倉天皇、摂関家の藤原兼実《かねざね》も儒者から本書を学んでおり、九条道家《くじょうみちいえ》(三寅の父)が四条天皇に徳政《とくせい》を勧める奏状のなかでも、六カ所にわたって『貞観政要』を踏まえた内容が書かれている(丸山二〇一九)。

また、『吾妻鏡』には、建暦元年(一二一一)七月から十一月のあいだ、将軍実朝が『貞観政要』の談義を受けたことが見えている。鎌倉幕府周辺でも、本書への関心は高かったといえよう。政子も実質的な将軍として采配を振るうにあたって、為政者としての自覚を強く持ち、仮名の『貞観政要』を求めたのではないだろうか。幕府を維持するため、有能な為政者たろうとする女性政治家としての覚悟を窺うことができる。『貞観政要』には、民衆を憐れむこと、臣下の諫言に耳を傾けることなど為政者としての心構えが記されるほか、国の草創と維持とではどちらが困難か、また君主は国の繁栄を願うにも関わらずなぜ滅亡するのか、といった太宗の疑問に臣下が昔の出来事を交えながら答える場面もある。幕府草創を成し遂げた夫を見送り、以後、幕府を維持する政子にとっては、大いに参考となる書であったのではないだろうか。

第三節　承久の乱勃発と大演説

承久の乱の勃発

実朝の死を契機として、幕府と院の関係は悪化の一途を辿っていた。承久三年（一二二一）五月十五日、ついに後鳥羽院は京都守護の伊賀光季《いがみつすえ》を討つと同時に、北条義時の追討を命じる官宣旨《かんせんじ》と院宣《いんぜん》を下した。ここに、承久の乱の幕が切って落とされた。

義時の追討を命じる官宣旨の発給に先立ち、院は洛南鳥羽の城南寺《じょうなんじ》の催事を理由に、畿内・西国の武士を召集した。慈光寺本《じこうじ》『承久記』によれば、この時集められた兵の数は一千余騎で、四月二十八日に着到して院御所高陽院《かやのいん》の警固を担当し、挙兵当日の五月十五日には、京都守護の伊賀光季の襲撃に加わっている。

五月十五日付の官宣旨では、「五畿七道《ごきしちどう》」（畿内五カ国と東海道、東山道、北陸道、山陽道、山陰道、南海道、西海道の七道と呼ばれる地域。すなわち全国）の武士に対し、「北条義時追討」の遂行が命じられた。

さらに、同日には義時追討を命じる院宣も下された。その内容は、実朝の死後、将軍の跡を継ぐ人がいないと訴えてきたため、摂政の息子三寅を下向させた。しかし、幼いのをよいことに、義時は野心を抱き、朝廷の威光を笠に着て振るまい、然るべき政治が行われなくなった。そこで、義時の奉行を差し止め、すべてを天子が決める。もしこの決定に従わず、なお叛逆を企てれば、命を落とすことになる。格別の功績をあげた者には褒美を与える、というものであった。義時を名指しで批判する点は、官宣旨と共通している。

慈光寺本『承久記』によれば、院宣は武田信光《たけだのぶみつ》、足利義氏《あしかがよしうじ》、北条時房、三浦義村ら八名

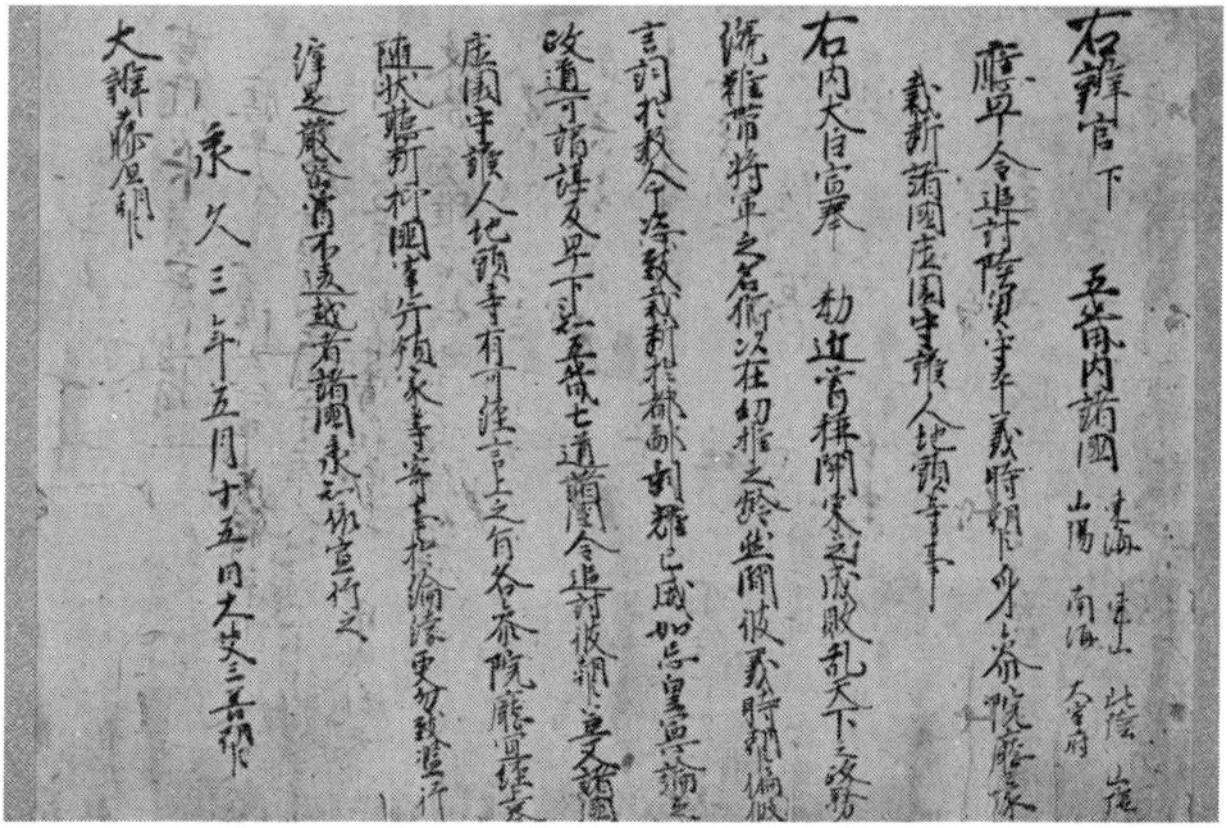

承久の乱の際に出された「北条義時追討官宣旨」（複製。神奈川県立歴史博物館蔵）

に充てられたものである。いずれも幕府の中枢を担い、かつ在京経験も豊富な有力御家人であった。後鳥羽は、私信という性格が強い院宣を、限られた御家人たちに個別に与えることで、幕府内部に対立構図を作り出すことを狙ったといえよう。このうち数名でも義時を裏切れば、義時殺害は容易であると考えていたに違いない。しかし、彼らの手に渡る前に、義時が院宣を回収したことによって、この作戦は水泡に帰した。

鎌倉の動揺

北条義時の追討宣旨と院宣は、藤原秀康《ひでやす》の所従《しょじゅう》（従者）押松《おしまつ》に託されていたが、鎌倉に入ると、ほどなくして捕らえられ、院宣配布先の名簿などすべてを押収された。幕府が迅速な対応をとることができたのは、伊賀光季が討伐を受ける直前に発した使者や、西園寺公経の家司《けいし》（家政を担当する職員）三善長衡《みよしながひら》が発した使者が鎌倉に入って幕府首脳部にいち早く院の挙兵を報せたほか、三浦義村のもとを押松とともに下ってきたという弟胤義《たねよし》の使者が訪れ、「勅命に従い北条義時を誅殺せよ。さすれば、勲功賞については望みどおりである、と院からの仰せを賜った」と記された胤義の書状を渡してきたからである。この胤義は京方の中心人物であった。しかし、義村は、返事もせずに使者を追い返し、義時のもとへ駆けつけると、押松を捕らえるよう進言したという。かくして、幕府側は東国武士たちの手に渡る前に宣旨や院宣を回収し、これを政子の邸宅で開きみた。

尼将軍政子の演説

北条泰時や時房ら多くの御家人が政子の邸宅に集まってきた。後鳥羽院挙兵の報せは、幕府首脳部にも大きな動揺を与えたため、尼将軍の政子が演説を行い、御家人たちの結束を促すこととした。

この演説については、『吾妻鏡』と慈光寺本『承久記』に詳しいが、前者については、

『六代勝事記《ろくだいしょうしき》』（高倉から後堀河にいたる六代の天皇の治世の出来事を記す歴史書）を原史料としていることが明らかとなっている。したがって、政子の演説については、『六代勝事記』を第一とし、これに『承久記』を併せて、おおよその内容を知り得る（平田俊春『平家物語の批判的研究』）。

慈光寺本『承久記』では、政子はまず大姫・頼朝・頼家・実朝に先立たれたことを嘆き、さらに弟の義時までも失えば、五度目の悲しみを味わうことになるとして、武士たちの同情を引いてから本題に入っている。次に、『六代勝事記』を意訳してみよう。

政子が武士たちを庭中に召し集めて語ることには、「皆それぞれ心を一つにして聞きなさい。これは私の最後の詞《ことば》である。亡き頼朝様は、源頼義《よりよし》・義家《よしいえ》という清和源氏栄光の先祖の跡を継ぎ、東国武士を育むために、所領を安堵して生活を安らかにし、官位を思い通りに保証した。その恩はすでに須弥山《しゅみせん》よりも高く、大海よりも深いはずである。不忠の臣らの讒言《ざんげん》によって後鳥羽院は天に背き、追討の宣旨を下した。名声が失われることを恐れる者は、早く藤原秀康・三浦胤義を捕らえて、三代将軍の遺した鎌倉を守りなさい」。これを聞いた武士たちは、涙に咽《むせ》びつぶさに返事を申すことができなかったという。

慈光寺本『承久記』でも、実朝への恩を説き、頼朝・実朝の墓所を馬の蹄《ひづめ》で踏みつけさせることは、御恩を受けた者のすることではないとし、さらに私は昔からものをはっきりいう人間だから、京方について鎌倉を攻めるのか、鎌倉方について京方を攻めるのか、ありのままに申せと選択を迫っている。

同情を誘い、源氏将軍の恩を説き、考える隙を与えずに選択を迫る、見事な演説である。幕府を草創期より支える御家人たちは、今の安らかな生活を顧みて、頼朝への恩を再認識したであろう。逆に、年若い御家人は、幕府草創を成し遂げた頼朝に対し畏怖の念を抱いたのではあるまいか。すでに頼朝の死から二十二年もの月日が経過しており、それぞれの一族を率いる族長は幕府草創に貢献した御家人たちの子の世代に移りつつあったと考えられる。頼朝を直接知らない武士たちにとって、頼朝の後家たる政子の言葉は説得力をもったのではないだろうか。

したがって、この演説は、草創期から幕府を支えてきた頼朝の後家政子の演説であるからこそ、御家人たちの胸を打ったといえる。源氏将軍の恩を説くことができる人物は、初代将軍である頼朝の権威を継承した政子をおいて他にいない。長く御家人たちの精神的支柱であった政子の演説によって、鎌倉方は内部分裂することなく、京方と対峙することができたのである。

進撃か迎撃か

政子の演説後、義時の邸宅には、北条時房・泰時、大江広元、三浦義村らが集まり、軍議が開かれた。当初、足柄・箱根の道路の関を固め、京方を迎え撃つ作戦に決まりかけたが、広元が反対した。時間が経てば、鎌倉方に離反者が出る可能性を指摘し、早急に進撃すべきであると主張したのである。

義時は結論を急がず、この二案を政子に相談している。政子は上洛しなければ官軍を破ることはできないとして、広元の主張を支持した。すべての最終決定権は、将軍たる政子にあったといえよう。この結果、幕府軍は早急に出撃することに決まった。

ここにきて、いよいよ義時は、具体的な行動に出る。遠江《とおとうみ》以東の諸国の家長に対して、「京都より坂東を襲撃するとの情報が入ったため、時房・泰時が軍勢を率いて出撃する。朝時《ともとき》（義時の次男）は北国に差し向ける。このことをすぐに家の人々に伝え、向かうように」との命令を下し、兵を召集した。かくして、幕府軍は東海道・東山道・北陸道の三手に分かれて、京に向け進撃した。

京方との衝突

承久三年（一二二一）五月二十二日、まず泰時がわずか十八騎を率いて、鎌倉を発った。次いで同日中に、時房と朝時も大将軍として出撃した。一方、義時自身は鎌倉に留まり、兵の召集にあたりながら、戦況を見定めることとなった。

わずか十八騎で出発した幕府軍であったが、進軍する過程でその兵力は雪だるま式に増え、最終的には十九万騎に達したという。六月五・六日、幕府軍は美濃《みの》・尾張《おわり》の国境墨俣《すのまた》で藤原秀康・秀澄《ひでずみ》（秀康の弟）らの率いる京方と激突し、圧勝した。畿内への防衛線である墨俣を破られた京方は、激しく動揺することになる。

同月八日、墨俣での敗北が後鳥羽院の耳に入ると、院は軍勢を各地に配置し、十二日には瀬田《せた》に三千騎を向かわせた。一方の鎌倉方は、時房が瀬田へ、泰時が宇治川へと向かい、都の東と南から入京を目指した。

十二日、京方は瀬田の唐橋《からはし》の一部を壊し、盾を並べ、矢を構えて時房軍を迎撃した。時房軍は、合戦を一時中断するほど劣勢に追い込まれたが、十四日の夜、ついに橋を渡り、逢坂関《おうさかのせき》から洛中へと入った。

また、泰時軍と京方の衝突した宇治川の戦いも熾烈を極めた。ここでも、泰時は合戦を

承久の乱の激戦地となった瀬田の唐橋（大津市）

中断するほど追い込まれたが、最終的には橋を諦め、浅瀬からの渡河や民家を壊して筏《いかだ》を作るなどして川を渡り、京方を討った。京方の死者は二百五十五人に上ったという。一方、泰時軍も勝利こそしたものの、負傷者百四十四人・死者九十六人を出しており、鎌倉方も多くの犠牲を払っている（野口・長村二〇一〇）。承久の乱は、決して鎌倉方の圧勝ではなかった。

大乱の結果

六月十五日、泰時と時房の軍勢は、入京を果たした。後鳥羽院は使者を遣わし、義時追討宣旨と院宣の撤回を申し出た。

さらに、今回の挙兵は一部の謀臣の企てたことで自身の関知するところでなかったと弁明する始末であった。

翌十六日、泰時は、鎌倉に戦勝報告の使者を発し、使者は二十三日に到着した。慈光寺本『承久記』は、報せを受けた義時が「今は義時思ふ事なし」と述べたと伝える。『吾妻鏡』には、「公私喜悦《きえつ》し、喩《たと》えを取るに物なし」と見えている。政子も義時とともに安堵の表情を浮かべ、勝利を喜んだことであろう。政子と義時は、頼朝の遺した鎌倉のまち、そして武家政権を守り抜いたのである。

戦後処理

承久の乱の戦後処理は、政子・義時主導のもと粛々と行われた。

まず、仲恭《ちゅうきょう》天皇が廃され、後鳥羽院の同母弟である入道行助親王《ぎょうじょしんのう》の子が践祚《せんそ》して後堀河《ごほりかわ》天皇となり、親王自身も後高倉院《ごたかくらいん》として位置付けられた。さらに、乱の首謀者である後鳥羽院は出家して隠岐《おき》に、順徳《じゅんとく》院は佐渡《さど》、土御門《つちみかど》院は土佐《とさ》（のちに阿波《あわ》に移る）に配流された。三人もの院を配流するという前代未聞の粛清が武士の手によって行われたのである。

幕府は、武力により朝廷を打ち負かしたことによって、治天《ちてん》の君の特権である皇位継承に介入し、院の配流《はいる》を実施した。幕府が臨時的にも治天の君の権限を掌握したという先例は、のちの泰時による後嵯峨《ごさが》天皇の擁立や両統迭立《てつりつ》に繋がることになる。

また、敵方の処罰と味方への恩賞分配も、政子の指示のもと、義時によって実行された。京方の主力となった公卿たちの処罰については、まずその身柄は北条泰時・時房が駐留していた六波羅《ろくはら》に引き渡され、それぞれの身柄を御家人が預かり、その御家人の所領に連行されたのち、斬首に処せられた。

例えば、院判官代《いんのほうがんだい》であった源《みなもとの》有雅《ありまさ》は、幕府方に捕らえられて出家し、小笠原長清《おがさわらながきよ》の預かりとなったため甲斐《かい》国に到着した。途中、有雅は政子に助命を願う書状をしたためたが、減刑の報せが達する前に、長清によって斬られている。

また、京方についた貴族の坊門忠信《ぼうもんただのぶ》（信清の息子）は、千葉胤綱《ちばたねつな》がその身柄を預かっていたが、妹の西八条禅尼《にしはちじょうのぜんに》（実朝御台所）が兄忠信の助命を政子に嘆願し、政子が彼女を憐れんだため、死刑を免れている。

これらは、承久の乱で京方の中心を担った公卿たちを処刑するか否かの権限を政子が握っていたことを示すものである。

また、処罰と同時に、京方についた貴族・武士たちの所領没収も進められ、新しく地頭が設置された。『吾妻鏡』によれば、三千以上の所領に地頭を設置することになり、誰をどこに割り当てるかは、政子がその勲功の程度に従って指示し、執権の義時が具体的な差配を行ったという。貞応《じょうおう》二年（一二二三）正月には、政子が畿内・西国の在庁に対し、新任の守護・地頭が人民を苦しませていないかどうかを調べ、問題があれば報告するよう命じており、為政者として人民の生活にも心を配る将軍政子の姿をみることができる。

同年六月には、京方の襲撃を受けた京都守護の伊賀光季（義時の後妻伊賀の方の兄）の息子四人が政子の邸宅に参上している。皆十歳に満たない幼子であった。その容姿は光季の面影を残しており、政子は涙を流した。亡父の跡を継ぎ、忠勤に励むよう直に励ましの言葉をかけたという。同じく京都守護であった大江親広《ちかひろ》（広元の息子）が京方についたのと比べると、幕府を裏切ることなく院挙兵の第一報を伝え、討死した光季は勲功第一であったといえよう。のちに光季の遺領は、息子の季時《すえとき》が拝領するよう沙汰が下されている。

一方、政子は、自分の勲功を申し出ない者を尋ねて恩賞を与えることもあった。法橋《ほうきょう》昌明《しょうみょう》はこのおかげで、但馬《たじま》の守護となっている。また、鎌倉方につき、いち早く院の挙兵を報せる使者を遣わした西園寺公経の昇進を進言し、公経は太政大臣に、息子の実氏《さねうじ》は権大納言《ごんだいなごん》兼右近衛大将《うこんえのだいしょう》に昇っている。政子の行き届いた恩賞分配には、目を見張るものがある。

西八条禅尼の生涯

将軍実朝の死は、公武関係のみならず、多くの人の人生にも影響を及ぼした。その一人が、先にも登場した実朝の御台所である。暗殺の翌日に出家した彼女は、以後、本覚尼《ほんがくに》と呼ばれることとなる。まだ二十七歳であった。

なお、彼女の本名(偉《いみな》)については、「信子《のぶこ》」とする説が流布しているが、史料的根拠のある呼び名ではない。『尊卑分脈《そんぴぶんみゃく》』によれば、「信子」は父信清の妹の名であり、娘ではない。したがって、不明といわざるを得ない。

実朝との夫婦仲は良好であったようで、『吾妻鏡』には、永福寺《ようふくじ》に花見に行き、桜の木の下を共に散策するなど、仲睦まじい姿が描かれている。しかし、婚姻から十年以上経っても、二人の間には子がいなかった。このため、政子が後鳥羽院の皇子を次の将軍として迎えるべく交渉を進めたことは、先に述べた通りである。

夫の死後、本覚尼は鎌倉に留まらず、しばらくして帰京した。その居所は、京都西八条にある実朝所有の邸宅であった。したがって、本覚尼は西八条禅尼とも呼ばれる。ここは、もともと平清盛の妻時子《ときこ》たちの住んでいた西八条邸があった場所であった。

承久三年（一二二一）、承久の乱が勃発する。一時とはいえ、鎌倉に住んでいた西八条禅尼の心中は察するに余りある。このとき、すでに述べたように兄忠信は京方につき、乱後、処刑されることになったが、兄の助命を政子に願い、許された。『承久記』には、西八条禅尼の嘆願を憐れんだ政子が「それならば、忠信を助けましょう」と言ったとみえている。

寛喜《かんぎ》三年（一二三一）、西八条禅尼は西八条邸の寝殿を堂にし、遍照心院《へんしょうしんいん》（西八条御堂《みどう》とも。現在の大通寺《だいつうじ》）とした。

その後の西八条禅尼の動向は、文永八年（一二七一）に八十歳を迎えた彼女がしたためた二通の置文《おきぶみ》（遺言状）から窺うことができる。内容は、おおよそ次のとおりである。

・遍照心院は、将軍家の祈禱寺《きとうじ》である
・僧たちは自分を母のごとく頼んで、仏道修行をしている
・犯罪者が遍照心院の領域に走り入った時、他者はこの者に狼藉《ろうぜき》を加えてはいけない
・遍照心院や寺領に問題が発生した場合は、安達泰盛《あだちやすもり》に訴えて、将軍に申し上げなさい

ここから、西八条禅尼が亡き実朝の菩提を弔う日々を送っていたことや、罪を犯した武士を保護し、朝廷や幕府に引き渡していたこと、また幕府とのパイプを引き続き有していたことなどがわかる。また、実朝との間に子はいなかったが、実子のごとく修行僧たちに目を掛けていた様子も窺うことができる。

西八条禅尼がこの世を去ったのは、文永十一年(一二七四)九月。享年八十二の大往生であった。この翌月には、モンゴル襲来(文永の役)が迫っており、西八条禅尼は鎌倉前・中期という長い歴史の目撃者でもあったといえる。

その生涯を振り返ると、鎌倉での結婚生活は、わずか十六年にすぎない。実朝の死後、五十余年の人生を夫の菩提、そして幕府の安泰を祈ることにささげたのであった。

先ほど触れた置文のなかで、八十歳に至った人生を振り返って、西八条禅尼は次のように述べている。

「我すでに春秋を送ること八十年にみてり、人間の無常いくばくか眼《まなこ》にさえぎるおりにふるゝ、あわれごとに、身をかえりみる思いふかし」

この一文からは、激動の時代を生き抜いた諦観のようなものが感じられる。

第四節　祈りの日々と義時の死

祈りの日々

承久の乱後、戦後処理が進む中で、政子の周辺も少しずつ平穏を取り戻していった。貞応元年（一二二二）十月、義時とともに、亡き実朝が建立した大慈寺《だいじじ》で一切経会《いっさいきょうえ》（漢訳された仏教経典の集大成「一切経」を供養する法会）を行い、自分の本尊である釈迦如来《しゃかにょらい》を供養している。

翌年二月には勝長寿院の奥地に、新しく御所（御堂《みどう》御所）と伽藍《がらん》を建立することとし、七月に完成した御堂御所に移っている。なお、このとき陰陽師《おんみょうじ》の安倍親職《あべのちかもと》が反閇《へんばい》（貴人の外出の際に邪気を祓《はら》うため陰陽師が行う呪法《じゅほう》）を行っていることは興味深い。反閇は鎌倉においては将軍以外に行われていないため、政子が将軍と認識されていたことを示唆《しさ》するものである（赤澤二〇〇三）。

翌八月には、伽藍（南新御堂）も完成し、供養が行われた。本尊は弥勒菩薩《みろくぼさつ》像である。

ここには、大姫の追善のための堂を建立しようと考えていたが、頼朝の薨去《こうきょ》により中断していた。御所の持仏堂には、実朝が生前に運慶《うんけい》に造らせた本尊を安置した。政子は、頼朝の創建した勝長寿院に、大姫や実朝ら家族の菩提を静かに祈る空間を作り出したのである。

実朝の追善

政子は、その悲惨な最期も相まって、最愛の息子実朝の追善供養に熱心に取り組んだ。実朝が亡くなった承久元年（一二一九）には、勝長寿院の傍らに追善のための一伽藍を建立し、仏師運慶作の五大尊を安置している。この伽藍は五仏堂《ごぶつどう》と呼ばれた。

さらに、貞応二年（一二二三）には、実朝の死を受けて出家した大蓮房覚智《だいれんぼうかくち》こと安達景盛《あだちかげもり》からの申請により、高野山に金剛三昧院《こんごうさんまいいん》を創建した。その目的は、「関東武将の祈祷」と「三代将軍（実朝）の菩提」を弔うことであった（弘安四年三月二十一日付「高野山金剛三昧院申状案」）。本尊の正《しょう》観音像には、政子が実朝の遺骨を納めさせたという（『帝王編年記』承久三年条）。

政子が筑前国粥田荘《ちくぜんのくにかいたのしょう》を金剛三昧院に寄進する際、景盛は「広すぎるのではないか」と諫めたが、政子は「私は深く諸人の菩提を弔い、金剛三昧院に遁世《とんせい》した人や無縁の人を支援したいのです」と述べて広大な粥田荘を寄進した。

嘉禎《かてい》三年（一二三七）の政子十三回忌の折には、大仏殿が建立され、大日如来像が安置されている。大仏殿には実朝と政子の遺骨が納められたという（『金剛三昧院文書』所収、同年三月二十五日付「足利義氏寄進状案」）。したがって、金剛三昧院は、実朝の追善供養に加えて、

高野山金剛三昧院の多宝塔(和歌山県高野町)

政子の供養の場という性格も持つ寺院となった（山家二〇一九）。
残念ながら大仏殿は現存しないが、金剛三昧院は他の寺院とはやや離れた小田原谷《おだわらだに》の南に位置するため、大火の折にも類焼を免れ、鎌倉時代の多宝塔《たほうとう》（国宝）や経蔵《きょうぞう》（重要文化財）が現存する。創建当初の姿をとどめ、子を想う政子の気持ちを感じることができる貴重な寺院である。

義時の死

承久の乱から三年後の貞応三年（一二二四）六月十三日、政子の片腕として政治的手腕を振るってきた弟の義時が六十二年の生涯を終えた。

その死因については、史料によって相違がみられる。最も克明に記すのは『吾妻鏡』であり、脚気《かっけ》を長く患った上に、暑気あたりをし、急死したことになっている。一方、『保暦間記《ほうりゃくかんき》』（南北朝期成立の歴史書）は近侍に殺害されたとし、『明月記《めいげつき》』（藤原定家の日記）は後妻に毒殺されたという話を記す。したがって、病死説・他殺説・毒殺説があるわけだが、筆者は『吾妻鏡』の記す病死が妥当だと考えている。その理由については、すでに『史伝　北条義時』で詳しく論じたので割愛するが、簡潔にいえば、称名寺《しょうみょうじ》三代別当湛睿《たんえい》の表白集《ひょうびゃくしゅう》『湛睿説草《せっそう》』に集録される義時の四十九日仏事の表白（故人の生前の功績や臨終の様子が記されており、仏前で導師《どうし》が読み上げるもの）に記される病状と『吾妻鏡』の記述が一致するからである。すなわち、表白には、痛みを受け、床に伏しがちであったとみえている。この痛みとは脚気の症状である脚の痛み・むくみを指し、ゆえに起ち上がることもできず、死に至ったと考えられる。

義時の葬礼と法華堂の建立

義時の死から五日後の六月十八日、鎌倉では葬礼が執り行われた。葬礼には、在京中の泰時以外の義時の子息朝時・重時《しげとき》・政村《まさむら》・実泰《さねやす》・有時《ありとき》や三浦泰村《やすむら》(義村の二男)らが参列し、頼朝の法華堂《ほっけどう》の東の山上に墳墓が築かれた。ここで注目すべきは、葬礼の一切を取り仕切るよう鎌倉陰陽師に命じていることである。『吾妻鏡』は明記しないが、陰陽師に仰せられたのは、政子をおいて他におるまい。このとき、三寅はまだ六歳と幼く、幕府の実権を握っていたのは尼将軍の政子である。頼朝法華堂のすぐ近くに墳墓が築かれ、円滑に葬礼が進んでいることは、政子が差配したことを裏付けるものである。

通常、葬礼・仏事は、亡者の一族によって、個別に行われるものであるから、義時の場合も、後家の伊賀の方が中心となって差配するのが自然である。しかし、伊賀の方の意向によって、義時の墳墓が頼朝の法華堂と並んで築かれたとは考え難い。やはり政子が主導権を握ったとみるべきである。政子は、北条氏の「家」で執行されるべき葬礼・仏事を、幕府による沙汰という形で掌握し、義時の葬礼を公的な幕府行事に昇華したのではないだろうか。

八月八日には、墳墓《ふんぼ》堂(法華堂)の供養が行われた。頼朝の法華堂に対し、義時のそれ

北条義時法華堂跡の現状（上。鎌倉市）と発掘された法華堂跡の遺構（鎌倉市教育委員会提供）

北条義時法華堂復元CG（上、湘南工科大学長澤・井上研究室提供）と頼朝法華堂跡から出土した軒丸瓦（鎌倉市教育委員会提供）

は「新法花堂」と呼ばれた。これが完成供養であれば、義時法華堂は、わずか二カ月足らずで完成したことになる。政子の命により、早急に幕府の沙汰として造営が進められたのであろう。政子には、幕府創始者である頼朝の隣に義時の法華堂を建立することで、義時を権威化し、北条氏を別格の存在として位置づける意図があったと考えられる。

頼朝と義時

政子は、いわば鎌倉幕府のモニュメントとして義時法華堂を建立することで、承久の乱を勝利に導いた義時を頼朝に次ぐ幕府の創始者として位置づけたといえよう。

ところで、鎌倉後期を生きた日蓮《にちれん》は、頼朝と義時を並べて語ることが多い。「右大将家（頼朝）・権大夫殿《ごんのだいぶ》（義時）は不妄語《ふもうご》の人、正直《しょうじき》の頂《いただき》八幡大菩薩《はちまんだいぼさつ》の栖《すむ》、百皇《ひゃくおう》の内《うち》なり」（真跡「諫暁八幡抄」）や「頼朝と義時とは臣下なれども其頂にはやどり給ふ、正直なる故《ゆえ》か」（「四条金吾許御文」）など、頼朝が平家を滅ぼし、義時が承久の乱で京方を討ち負かしたことは、両人が不妄語（嘘をつかないこと）の人であり、八幡大菩薩のすむ正直の頂きであるとして、両者の政権掌握を肯定している。これらは、日蓮が義時を頼朝に匹敵する人物として認識していたことを物語る。

また、室町幕府の方針を示した『建武式目《けんむしきもく》』の冒頭には「鎌倉郡は文治《ぶんじ》に右幕下《うばくか》（頼朝）、始めて武館を構え、承久に義時朝臣《あそん》天下を併呑《へいどん》す。武家に於いては尤《もっと》も吉土《きちど》（縁起の良い場所）と謂《い》うべきか」とみえ、やはり義時は頼朝と並ぶ武家政権の創始者と認識されていた。

このような義時観が後代に広まった背景として、義時を頼朝に匹敵する人物として位置づけた政子の施策によるところが大きいことは言うまでもない。政治家政子の目論見は、見事に功を奏したのである。

第五節　政治家政子の総決算

義時の後継者をめぐる争い——伊賀氏事件

義時の死は、北条氏内部に大きな影響を及ぼした。誰が北条氏の家督を継ぎ、執権として将軍を支えるのか。幕政にも関わる重大な問題であるだけに、政子が表に出ざるを得ない。

貞応三年（一二二四）六月十三日に義時がこの世を去ったとき、義時の長男泰時と弟の時房は京都にいた。訃報が六波羅の泰時・時房のもとへ伝えられたのは、六月十六日である。泰時は十七日丑刻《うしのこく》（午前一～三時頃）に、時房は十九日に出京し、二十六日に鎌倉に着いたが、泰時は、まず由比ヶ浜に宿をとり、翌二十七日に自邸に入っている。

気がかりなのは、泰時が鎌倉到着までに十日も有していることである。その理由について、『保暦間記』は、泰時は暫く伊豆に逗留し、時房がまず鎌倉へ帰って安全を確認した後、泰時も鎌倉に入ったと記す。おそらく義時の死後、鎌倉は不穏な状況にあり、泰時は慎重に行動せざるを得なかったのであろう。『吾妻鏡』によれば、鎌倉では、泰時が弟たちを討つために京より下向したという風聞があり、政村の周辺が慌ただしかったというから、まずは時房が鎌倉の状況を探る必要があったのではないかと考えられる。

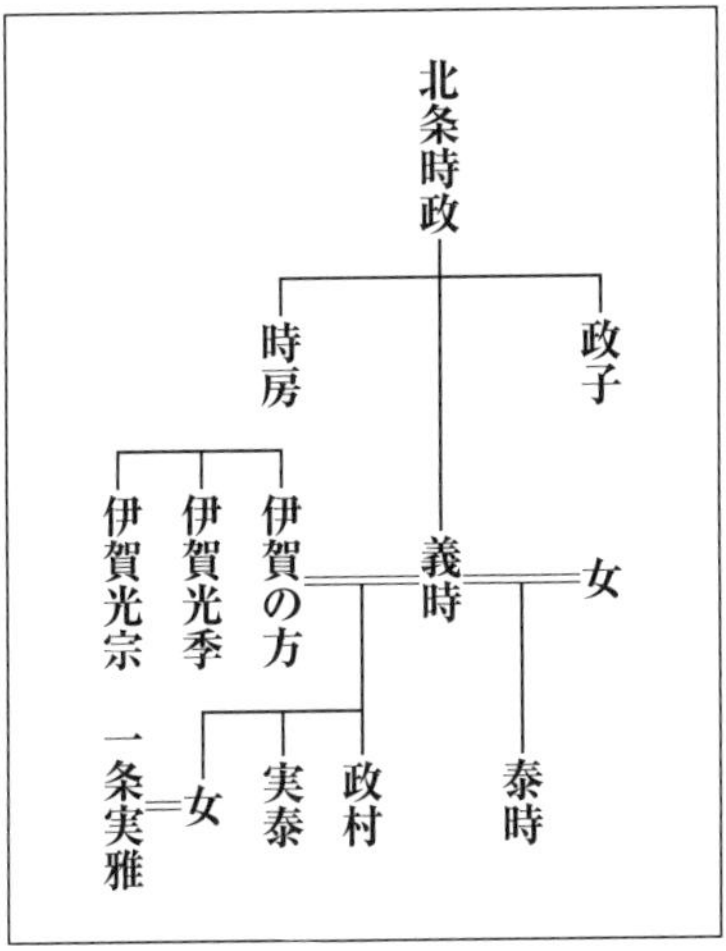

北条氏・伊賀氏関係系図

政子は、鎌倉に戻った泰時・時房が参

上すると、「軍営の御後見として、武家の事を執行《しぎょう》すべきの旨」を命じた。かくして執権職は泰時に継承され、時房が連署《れんしょ》として泰時を補佐することになった。

しかし、鎌倉にはなおも不穏な空気が漂っていた。義時の死後、世間ではさまざまな巷説が流れ、政村の周辺は身構えていたという。さらに、伊賀の方とその弟光宗《みつむね》は泰時の執権職就任に憤り、娘婿の一条実雅《いちじょうさねまさ》を将軍に擁立し、政村を執権として、幕政の実権を握ろうと企んでいた。

三浦義村を詰問する政子

七月四日には、三七日《みなのか》の仏事が修されたが、その翌日には、光宗が三浦義村（政村の烏帽子親《えぼしおや》）や伊賀の方のもとを訪れ、不審な動きをとっている。その後、十六日には五七日《いつなのか》の仏事が行われたが、翌日には近国の武士たちが群参し、いよいよ事が起こるかに思われた。ここにおいて、政子は女房の駿河局《するがのつぼね》だけを連れ、秘かに義村宅に赴いた。

突然の訪問に驚いた義村に対し、政子は次のように語った。「義時が亡くなり、泰時が戻ってからというもの、どうも鎌倉が騒がしい。政村や光宗が頻繁に義村のもとを訪れ、密談しているとの風聞があるが、これは何事なのか。まさか泰時に代わって自分たちが幕政を主導しようと考えているのか。承久の乱の時、幕府が勝利したのは、天命ではあるが、半ば泰時の功績である。義時は数度の戦いを鎮め、天下は静謐《せいひつ》となったが、その後を継ぎ、関東の棟梁となるべきは泰時である。政村と義村は、親子のように何でも相談しているようだが、両人は事を起こしてはいけない」

政子の説得に対し、義村は「身に覚えがありません」と訴えたが、政子は「政村を支持し、世を乱すつもりなのか否か、早く申し切れ」と迫った。義村は、「政村には全く逆心はありません。光宗は企みがあるようなので、私が諫めることを誓います」と答え、納得した政子は帰った。

翌十八日、義村は泰時のもとに向かい、弁明するとともに、泰時に忠誠を誓っている。その後、四十九日仏事が行われた三十日の夜にも騒動があり、御家人たちが甲冑を着て群参したが、何事もなく、明け方には静謐になっている。鎌倉の情勢は、なかなか安定しなかった。

その翌日の閏七月一日、事態を重くみた政子は三寅を連れて泰時邸に赴き、何度も使いを出して義村を呼び出して言うことには、「私は今若君（三寅）を抱き、泰時と時房と一つ所にいる。義村だけ別の所にいさせるわけにはいかない。同じ所にいなさい」と。政子は前日の騒動を受けて、再び義村の意思を確認する必要があると考えたのであろう。さすがの義村も政子の申し入れを断ることはできなかった。さらに、政子は有力御家人たちに対し、「上が幼稚なので、下で謀反を企てる者が出てくる。私は生きながらえて、仕方のない様であるが、皆亡き頼朝様のことを覚えているだろう。ならば、私の命令に従い、何者も蜂起させないようにしなさい」と訴えた。自身が頼朝の権威を代行する存在であることを述べたうえで、結束して事に当たるよう命じたのである。

政子の最後の攻防

さらに、三日には政子の御前で会議が行われた。大江広元も病の身を押して参上した。ここで、光宗らが一条実雅を将軍に擁立する策謀が露見したとして、その処罰が話し合われ、実雅は公卿なので京都に送り返すこととし、伊賀の方と光宗は流罪に決まった。かくして、伊賀氏事件は政子の差配によって未遂に終わり、泰時の執権の座は守られた。

『吾妻鏡』は、泰時の執権職就任後、伊賀の方側の不満が募り、謀反を計画したかのように記しているが、葬礼・仏事の主宰は、「家」の継承に直結する問題であるため、義時の後継に実子政村を据えたい伊賀の方と泰時を据えたい政子の対立はすでに燻《くすぶ》っていたといえる。政子は、義時の法華堂を頼朝と並べて建立することで、その権威化を進めると同時に、鎌倉に戻った泰時が北条氏の家督を継承し、仏事を主宰できるよう、葬礼・仏事をも「後家の力」によって沙汰していたのである。これは、伊賀の方のもつ家長権への侵害であり、伊賀氏が反発するのも当然であった。

伊賀氏の力だけではクーデターはなし得ないが、もし、政村の烏帽子親である義村が政村を助け、伊賀氏の味方につけば、泰時の執権の座は危うい。義村の去就がこの一件を左右すると判断した政子は、義村の動向に目を配り、ついには義村から誓約を取り付けたのである。伊賀氏事件は、政子にとって、北条氏の地位を安定に導くための最後の攻防であったといえよう。

第六節　政子の最期

政子、死す

義時死去の翌年、政子もまたこの世を去る。享年六十九。

嘉禄《かろく》元年（一二二五）六月二日、日照りと疫病に対し、写経と読経を行うさなかに発病し、泰時の沙汰で種々の祈禱が始められた。三日には、少しだけ回復したが、五日にも祈祷は重ねて行われた。

そのようななか、十日には大江広元が亡くなった。享年七十八。日頃より患っていた痢《り》病《びょう》が原因であった。幕府草創をともに支えてきた広元の死は、政子にも相当な精神的ショックを与えたのではないだろうか。十二日にも容体は悪化し、引き続き祈禱が行われている。

十六日には危篤に陥り、とうとう意識を失った。御家人たちも群参した。

七月に入ると、医師も治療を諦めるほど、容体は悪化した。そして、十一日の丑刻《うしのこく》（午前一～三時頃）、政子はついにこの世を去った。

翌十二日には、政子の死が公表され、多くの男女が出家した。政子側近の二階堂行盛が最初に出家を遂げたという。戌刻《いぬのこく》（午後七～九時頃）、政子は御堂御所の地で火葬された。

政子の墓所についてでは、荼毘《だび》に付された御堂御所の傍らに造られた可能性があるが、正確な場所はわからない。遺骨の一部が金剛三昧院に送られたことはすでに述べた。

現在、鎌倉には政子の墓と伝わるものが二つある。一つは安養院《あんよういん》の宝篋印塔《ほうきょういんとう》、もう一つは寿福寺《じゅふくじ》の裏山のやぐらにある五輪塔であるが、いずれも伝承の域を出ない。

第七節　遺志を継ぐ者たち――北条泰時と竹御所

政子の遺言

先述したとおり、『吾妻鏡』は、政子の最期について、一進一退の病状と祈祷の様子を記している。

しかし、最近発見された『明月記』の断簡には、泰時と政子の信頼関係を窺わせる興味深い記述がみえる。みつかったのは、嘉禄元年（一二二五）七月一日から同三日条というわずか三日分の記録ではあるが、政子が亡くなる直前の鎌倉の様子を知ることができる貴重な史料である（谷昇二〇一二）。

すなわち、嘉禄元年七月一日条によれば、危篤状態が続く政子に対し、泰時が「あなたが逝去したら自分は遁世《とんせい》します」と言ったところ、「天下を鎮守することが恩に報いることになるのです」といって出家を諫められたという噂話を、藤原定家が聞いたという。

この記事からは、すでに父義時が他界していることも相まって、泰時がどれほど政子を慕い、頼りにしていたかが窺えよう。また、政子が「天下」を鎮守するよう命じたのも見逃せない。承久の乱の勝利によって、西国への支配権を拡大した幕府は、東国のみならず天下を守護する武家政権へと脱皮しようとしていた。その重責を泰時は背負うこととなるが、周知のとおり、泰時はこの後、初めての武家法『御成敗式目』を制定するなど、武家政権の発展に尽くし、大政治家として名を遺す。尼将軍政子の意志は、泰時に引き継がれたといえよう。

政子への御恩

泰時は、自身を執権に据えてくれた政子に相当な恩を感じていたのではないだろうか。泰時の時代、政子の決定、すなわち「二位殿の御時」の成敗は絶対であった。文暦二年(一二三五)八月、将軍頼経の御前で伊豆国狩野荘牧郷《かのうのしょうまきのごう》について、加藤景朝《かとうかげとも》・景義《かげよし》兄弟の相論を裁決したとき、評定衆《ひょうじょうしゅう》一同が弟景義の勝訴を決めたにもかかわらず、泰時はその決定を覆し、景朝がこの土地を父から相伝したことを認めた政子の書状を持っていたことから、これを棄て置くのは恐れ多いとして、景朝の勝訴としている。

また、泰時は政子の追善供養にも熱心であった。延応《えんおう》元年（一二三九）には、信濃善光寺に田地を寄進して仏事を行い、鎌倉でも政子の霊を祀る法華堂の傍らに僧侶を入浴させる温室を建て、その薪料《たきぎりょう》を御家人に割り当てている。その掟書のなかでも、現在、関東の人々が安堵の思いができるのは、偏《ひとえ》に政子の聖霊の恩徳のおかげであるといっている。

さらに、泰時は、政子の三回忌を終えた翌年、大倉御堂（泰時が義時一周忌供養のために建立した堂）を後方に曳き退け、その跡に政子の新御堂を建立するという提案を行っているが、これが実現した場合、明らかに義時は政子の陰に隠れることとなる。大石直正氏は、泰時は政子によって執権になりえた人物であるから、ひとかたならぬ恩義を感じていたのではないかと推測している（大石一九九一）。傾聴すべき意見である。

結局、大倉御堂の移転は、評定衆や陰陽師の反対もあって実現しなかったが、泰時からすれば、義時はすでに武家政権の創始者として位置づけられており、尼将軍政子の権威化こそ肝要であると考えたのかもしれない。

もっとも重要なのは、政子の治世における沙汰が先例として重視されている点である。すでに紹介したが、泰時が制定した『御成敗式目』第七条では、「三代将軍ならびに二位殿の時に与えられた所領は訴訟があっても改められない」と定められ、北条時頼晩年の正嘉《しょうか》二年（一二五八）の追加法でも、「三代将軍ならびに二位家の御成敗は改められない決まりであるが、今後は泰時が沙汰した嘉禄元年から仁治三年の御成敗も、これに準じて改めない」と決められている。

とくに、後者において、九条頼経に触れず、将軍政子に続いて、執権泰時の沙汰を述べる点は注目に値する。北条氏にとって、「二位殿の御時」の存在は、源氏将軍から執権北条氏への権力の移行期として重要である。政子は、その橋渡しの役目を果たしたといえよう。したがって、泰時・時頼の時代に、政子の役割は強調された可能性が高い。この結果が頼経の軽視であり、源氏将軍・政子・泰時の併記なのである（河合一九七九）。

竹御所の存在

政子の有した後家の力は、竹御所《たけのごしょ》という女性に継承された。竹御所は頼家の遺児であるため、頼朝・政子の血を唯一受け継ぐ存在であった。小御所合戦後、政子の命により実朝御台所（西八条禅尼）の猶子となっていたが、実朝の死によって、彼女も帰京してしまったため、以後は政子の庇護のもと育てられたと考えられる。

政子が亡くなったとき（嘉禄元年〔一二二五〕）、竹御所は二十二歳であった。ここから、政子の葬儀・追善仏事を主催するなど、政子の後継者としての活動を開始する。

一方、政子が亡くなった年の十二月、八歳の三寅は元服を遂げ、翌年には征夷大将軍に任じられた。しかし、まだ幼いため執権泰時が補佐する必要があった。

寛喜二年（一二三〇）十二月、竹御所は頼経と婚姻した。ときに竹御所二十八歳、頼経十三歳である。本来であれば、政子の後継者は西八条禅尼であるがすでに帰京し、鎌倉将軍家という「家」を存続させるためには、竹御所が後継者となるしかなかった。したがって、竹御所は、同じく鎌倉将軍家の継承者である頼経の御台所の座におさまらざるを得なかったのである。

しかし、文暦《ぶんりやく》元年（一二三四）七月、竹御所は男子を死産したうえ、後産が滞り「御悩乱」ののち、亡くなってしまった。結婚が遅く初産にしては高齢出産であったことが仇となったのであろう。四年前には友人の三浦義村の妻（二十五歳）を、前年に義姉（藻壁門《そうへきもん》院《いん》二十五歳）の出産による死を経験しているから、竹御所も死を覚悟のうえで出産に臨んだのではないかと考えられる。

歴史にもしもは禁物であるが、もし男子が誕生し、竹御所が長寿を保っていれば、頼朝・政子の血をひく将軍が擁立され、竹御所による鎌倉将軍家の経営が行われたことであろう。頼経も後年、五代執権時頼によって京都へ送還されることはなかったかもしれない。

しかし、将軍の跡継ぎを出産し、母として将軍を監督し、後家として家を継承していくことは、容易《たやす》いことではない。政子も多くの難局を乗り越え、泰時と竹御所にバトンを渡したのである。

源氏の血を引き、政子の後継者であった竹御所の死が幕府に多大なる影響を与えた。頼朝の男系の血が途絶えたとき、政子は女系を重視したわけであるが、女系による継承は、残念ながら上手くいかなかった。

コラム3　政子の住んだ東御所

実朝が将軍となると、政子は大倉御所(将軍御所)郭内の東御所(東殿とも)に住んだ。和田合戦の際、「尼御台所御第《あまみだいどころぎょてい》」として「東御所」とみえている。

さて、平成四年(一九九二)、大倉御所の推定地の東南角付近に位置する大倉幕府周辺遺跡群の一角(鎌倉市二階堂字荏柄《えがら》三十八番一)において、発掘調査が行われた。永福寺の総門に通じる二階堂大路が六浦路から分岐する場所に位置する。この一帯は日当たりのよい南向きの微高地で、若宮大路一帯に比べると四〜八メートルほど高く、当時は由比ヶ浜の辺りまで一望できたであろう。滑川も近く、便利な場所であることから、原始より人の往来があったようである。

発掘調査では、掘立柱建物跡とおびただしい数の柱穴がみつかった。これらの遺構群は大きく二つに分けることができる。一つは、二階堂大路に沿って走る溝や柵の部分、もう一つは掘立柱建物の密集する部分である。前者の溝は、二階堂大路の側溝で、後者

大倉幕府周辺遺跡群出土の青磁劃花文碗（南宋時代、鎌倉市教育委員会蔵）

の建物の敷地の境界を表すものとみられる。また、前者の柱穴の一部は敷地内だけでも二十五間の柱間があり、穴の直径も1メートルを超える整った円筒形をしていることから、非常に大型の堅固な施設の跡である可能性が高い。

また、後者については、掘立柱建物十二棟のほか、井戸や溝（石組みの雨落溝を含む）、かわらけ溜まり、埋納遺構などがみつかった。年代は鎌倉初期から戦国時代におよぶ。大量のかわらけをはじめ、渥美焼の甕《かめ》や壺《つぼ》、青磁碗《せいじわん》、箸《はし》などがみつかっているが、とくに鎌倉初期の井戸を中心に、遺物が一括して得られたのは大きな成果であった。大倉御所の東南で、大型の建物跡、そして鎌倉前期の遺物がみつかったことにより、この場所が東御所であったと推定されている。

ここでは、埋納遺構から出土した青磁碗を紹介したい。鎌倉初期の遺物が出土した井戸と重なるように掘られた深さ二十四センチメートル、最大径四十一センチメートルのすり鉢状の土壙の底から三点の青磁碗がみつかった。三枚が折り重なった特異な状態で埋まっており、意図的に埋められた埋納物であると考えられる。

鎌倉市内では、銭貨の入ったかわらけが三枚重ねられていたり、銚子の中に天目・水注などが重ねて納められるなど、特異な出土状況を示す事例がみつかっており、これらは地鎮のまじないに用いられた埋納物であると考えられている。地鎮は土地の神に銭貨や五穀、七宝といった財宝を捧げることで許しを得、建物の永遠を願うまじないである。したがって、この青磁碗も地鎮埋納物の可能性があるが、断定はできない。埋納遺構の性格を判断することは極めて難しいからである。

青磁碗のうち、一番下の碗は同安窯《どうあんよう》系（南宋時代に福建省同安県およびその周辺で焼かれた品）で内面に箆《へら》描《が》きと櫛《くし》描《が》き、真ん中と一番上は龍泉窯《りゅうせんよう》系（南宋後期から明代にかけて浙江省《せっこうしょう》龍泉県《りゅうせんけん》とその周辺で焼かれた品）碗で、内面に箆描きの劃花蓮華文《かっかれんげもん》が施されている。いずれも艶やかな青みを帯びた美しい碗である。地鎮に関わるかどうかは断定できないが、とはいえ東御所の推定地であることから、政子も目にした品かもしれない。見る者の想像を掻き立てる青磁碗である。

終章　後代の政子像

第一節　中世の政子評

神功皇后の再誕

政子が亡くなった日の条文のなかで、『吾妻鏡』は政子を次のように評した。

「前漢の呂后《りょこう》と同じく天下を執行《しぎょう》した。もしくはまた、神功皇后《じんぐうこうごう》の再誕である」

神功皇后とは、『古事記』『日本書紀』などの日本神話に登場する伝説上の人物で、仲《ちゅう》哀《あい》天皇の皇后である。夫の死後、朝鮮との戦いに勝利し、九州で応神《おうじん》天皇を出産したという。

ここで注目されるのは、弟の義時が死後武内宿禰《たけのうちのすくね》の再誕と認識されていたことである。武内宿禰は、『古事記』などに登場し、理想的な忠臣の代表として認識される伝説上の人物である。数代の主君に仕えた後、神功皇后とともに、政権の本拠地から遠く離れた地で誕生した幼い新主君を支え、その初政を乱す戦乱を平定したという。

したがって、頼朝・頼家・実朝に仕えた後、頼朝の妻である政子とともに、遠く京都で誕生した幼い頼経を支え、承久の乱を平定した義時と準《なぞら》えることができる。また、『愚管抄』巻一の神功皇后条は、応神天皇を生み、武内宿禰を応神の後見《うしろみ》とし、武内が応神の兄の起こした乱を平定したと記す。これも、政子が義時を三寅の後見＝執権とし、義時が政子を奉じて承久の乱を平定したのと通じる。

呂后は漢の高祖劉邦《りゅうほう》の糟糠《そうこう》の妻で、二代恵帝《けいてい》のとき呂太后として政治を行い、恵帝が僅か在位七年で亡くなると、自ら国政をとり、一時ではあるが劉氏政権を制圧して呂氏政権を作り上げた人物である。初代将軍頼朝の妻で、二代・三代将軍のときより政治に関わり、実朝の死後は尼将軍として幕政を主導した政子と見事に境遇が重なる。

『吾妻鏡』の編纂者が政子を偉大な人物として高く評価していることがわかる。義時の武内宿禰伝説に注目した細川重男氏は、義時が承久の乱を平定したことによって、後鳥羽院が敗れた現実を受け入れられない貴族たちが、先例を必死で探した結果みつかったもので、貴族社会で急速に広まったのち、武家社会にも受け入れられたと指摘している。また、この伝説は、義時の嫡系たる得宗《とくそう》家が将軍の後見をつとめる正当な家であることの根拠となったと説く（細川二〇〇二）。

政子の神格化が義時の神格化に伴い貴族社会で広まったものなのか、武家社会で生まれたものなのか、厳密には明らかにしえない。ただし、武内宿禰伝説の初見は、義時死去の三十年後に成立した『古今著聞集《ここんちょもんじゅう》』（一二五四年成立の説話集）である。ちょうど五代執権の北条時頼が源氏三代と政子、そして泰時の成敗を重んじ、北条氏嫡流（得宗家）として独裁的な性格を強めていく時期にあたる。義時の神格化が進むなか、源氏将軍家から執権北条氏への権力の橋渡しを行った政子の神格化もまた、北条氏にとっては必要だったのではないだろうか。

要するに、武内宿禰伝説と同じく神功皇后伝説も得宗家の正当性を語るうえでは重要だったと考える。ゆえに北条氏が編纂に関わっている『吾妻鏡』も、政子を神功皇后の再誕であると記載したのであろう。

なお、時頼が源氏将軍と同じく政子の存在を重視したことは、建長寺《けんちょうじ》創建の折の願文《がんもん》にも認められる。その「作善《さぜん》の旨趣《ししゅ》」（善事＝建長寺創建の目的）は、「上は皇帝の万歳《ばんぜい》、将軍家及び重臣の千秋《せんしゅう》（万歳も千秋も長寿を祝う言葉）、天下の太平を祈り、下は三代の上将、二位家（政子）ならびに北条一門の過去、数輩の没後を弔うこと」にあった。

南北朝期の評価

南朝の中枢として活躍した北畠親房《きたばたけちかふさ》（一二九三～一三五四）が南朝の正統性を説く『神皇正統記《じんのうしょうとうき》』は、政子・義時に好意的である。承久の乱は後鳥羽院の過ちであるとして院の挙兵を批判し、両者を擁護している。さらに、「後室（政子）その後をはからひ、義時久く彼が権を執りて、人望にそむかざりし」と論じ、頼朝死後の、この姉弟による二頭政治が御家人の支持を得ていたと捉えている。

また、『保暦間記』でも、政子について「大方天下の事、口入《くにゅう》せられけり」と記し、政治に関与した政子の姿を描く。女性が政治に関わることに対する非難の目や嫌悪感はみられない。

日野富子の手本

中世の女性政治家として、政子と並んで有名なのが日野富子《ひのとみこ》である。富子は息子の室町幕府九代将軍足利義尚《あしかがよしひさ》に読ませるために、政治顧問である一条兼良《いちじょうかねよし》に『樵談治要《しょうだんちよう》』という政治指南書を執筆させている。「簾中《れんちゅう》より政務をこなはる丶事」のなかで政子に触れた部分がある。これによれば、頼朝の死後、政子はひたすらに鎌倉を管領し、素晴らしい成敗をしたので、承久の乱のときも政子の仰せとして、義時は御家人たちに書状を巡らし下知した。さらに『御成敗式目』を定め、これは今でも武家の基本法となっている。したがって、男女関係なく「天下の道理」を具《そな》えていれば、政は上手くいくという。

兼良が女性政治家としての政子を高く評価していることが窺われる。富子も政治を主導するにあたって政子を手本として意識していたとみてよかろう。

第二節　近世の政子評

近世史家の評価

『本朝通鑑《ほんちょうつがん》』・『続本朝通鑑』は、江戸前期の幕府によって編纂された歴史書である。神《じん》代《だい》から後陽成《ごようぜい》天皇に至るまでの日本の通史をまとめる。『本朝通鑑』は三代将軍徳川家光《いえみつ》の命により、林羅山《はやしらざん》が編修したが火事で焼失し、続編の『続本朝通鑑』は、四代将軍家《いえ》綱《つな》の命により林鵞峰《がほう》（羅山の息子）によって寛文《かんぶん》十年（一六七〇）に成立した。政子について論じているのは、後者であるが、起草者のひとりである坂井伯元《さかいはくげん》は、政子に対して非常に辛辣《しんらつ》である。すなわち、政子を弾劾して漢の呂太后に擬し、源氏将軍家が滅亡する原因を作ったとした。この政子論は「牝鶏晨す《ひんけいあした》」（女が男に代わって権勢を振るい、災いを招くことのたとえ）として論ぜられ、儒教的要素の濃い人物評といえる（安川一九八〇）。女性の地位が低い近世においては、女性が男性を差し置いて前に出ることを良しとしない。源氏が三代で途絶えたのは、政子のせいであると決めつけた書きぶりである。

ちなみに、伯元は泰時を智勇兼備の武将と礼賛し、その威名は父祖をこえ、北条氏八代の基を築いたと論じている。さらに、時頼については、泰時につぐ名執権だが、権謀術数に長け、五摂家分立でその勢力を削ったとし、禅宗に帰依したことを非難している。これもまた、儒者による廃仏思想の影響が色濃く残る人物評である。

烈女のイメージ

次に、『大日本史』に注目したい。本書は、水戸藩主・徳川光圀《みつくに》（一六二八〜一七〇〇）の命により編纂された歴史書である。神武天皇から後小松《ごこまつ》天皇までの百代の歴史を漢文の紀伝体で記し、本紀《ほんぎ》（天皇の事績を記したもの）・列伝（天皇以外の人物を項目ごとに類別し、その事績を記したもの、および外国史）・志（制度史・経済史・文化史）・表（役職などの一覧表）の四部から構成され、これに論賛《ろんさん》（本紀・列伝に取り上げられた人物に対する論評）が付された。編纂にあたる学者は全国から招かれ、徹底した史料調査・収集のもと、およそ二百五十年をかけて編纂された、前人未到の大修史事業の産物である。

『大日本史』巻之二百二十四「源頼朝妻北条氏」では、『源平盛衰記《げんぺいじょうすいき》』に基づいて頼朝と結ばれるまでの経緯を説き、『吾妻鏡』に依拠してその生涯を叙述している。また、『曽我《そが》物語』にみえる政子の夢買いの話を紹介しながら、賢い人物であったと指摘する。これは、政子が不吉な夢を見た妹から夢を買い取り身代わりになってあげたところ、実は吉夢で、そのおかげで政子は頼朝と結ばれ尼将軍になれたとする話である。

さらに、政子は二男二女を出産したが、「政子性妬忌《とき》なれば、頼朝之《これ》を畏《おそ》れ憚《はばか》れり」とし、頼家が大鹿を射たのを喜ばなかったとする話を載せる。これは、富士の巻狩りで頼家が大鹿を射たことを喜んだ頼朝が鎌倉の政子に使いを送って知らせたところ、政子は武将の子なら当然であると冷たく応対したという『吾妻鏡』にみえる話である。

また、実朝暗殺後、鎌倉に「主帥《しゅすい》」不在となったため、政子が義時と協議して三寅を迎え、政《まつりごと》を主導したとする。最後に、政子の生涯を総括して、「政子厳毅果断《げんきかだん》にして、丈夫の風《ふう》ありき」とし、建暦・承久年間に内外で勃発した兵乱を平定し、頼朝の血が絶えた後も対処したとして「天下称して尼将軍と曰《い》へり」と結び、その政治手腕を讃えるとともに、鎌倉時代の女傑（気が強くしっかりしている女性）と評価する。女丈夫《じょじょうぶ》・烈女（激しい気性の女性）といった、近年でも目にする政子のイメージは、近世に形成されたといえよう。

重要なのは、義時・泰時が権力を握り、北条氏が幕政を主導することができたのは、「蓋《けだ》し政子に由《よ》りて基《もとい》せしなり」と述べる点である。要するに、北条氏が権力を拡大し得た、その根本にあるのは政子の力であったとみるわけである。北条氏は将軍頼朝の外戚であることを拠り所として台頭し、さらに頼朝亡き後には政子の後家の力を背景に、時政・義時・泰時が執権（将軍の後見）として幕政を主導することができたといえよう。

以上のように、『大日本史』は「嫉妬深い烈女」と「幕府を導き北条氏の台頭を支えた女傑」という二つの政子像を生み出した重要な編纂物であるが、実は当初、「政子伝」は立伝さえされていなかった。『大日本史』の編纂にあたる彰考館《しょうこうかん》の史館員たちが議論を重ねた結果、政子は「列女伝」に採録されることになったのである。そこで、「列女伝」採録に至るまでの経緯を、史館員たちの書簡のやり取りをまとめた「往復書案」と「往復書案抄」から確認したい（『茨城県史料　近世思想編　大日本史編纂記録』収録）。

「政子伝」を立てるよう主張したのは、彰考館の総裁を務める安積澹泊《あさかたんぱく》（通称覚兵衛《かくべえ》）であった。お茶の間では「格さん」の愛称で知られる人物である。

宝永《ほうえい》元年（一七〇四）十一月から十二月にかけて、水戸にいた澹泊と江戸の彰考館総裁である栗山源介《くりやまげんすけ》・中村新八《なかむらしんぱち》は少なくとも十四通の書簡をやり取りしている。両者の主張は明白で、澹泊が「列女伝」採録に積極的なのに対し、栗山・中村は反対または消極的であった。

最終的には、澹泊の主張が認められ、「政子伝」の採録が決まったが、「政子伝」を立てるならば、頼朝附伝に入れるべきか、「列女伝」に入れるべきか。また、妻あるいは夫人どちらの呼称を用いるべきか、といったことが議論の対象となっている。澹泊は附伝では満足できず、あくまでも「政子伝」の独立にこだわった。しかし、栗山・中村は、政子は非常に嫉妬深い人物であるので、「列女伝」に入れるかどうかはさらに吟味が必要であり、後日の詮議次第である、との意見を述べている。また、澹泊は二位まで昇った人物を凡人のように夫人と紹介してよいのかと疑問を呈している。これについては、見出しは「頼朝妻」とし、伝中では「政子」と記すことで落ち着いた。

後年、総裁の藤田幽谷《ふじたゆうこく》が『大日本史』の編纂過程をまとめた『修史始末』宝永元年条に「列女伝、旧に源頼朝の妻政子を載せず。是《この》冬、安積覚建議し為して伝を立つ」と記したのは、これらの往復書簡を精査した結果であった。

安積澹泊「平政子」論を読み解く

一カ月半におよぶ書簡のやりとりをみていくと、そこには澹泊が「政子伝」にかけた情熱を感じ取ることができる。さらに、澹泊は「政子伝」立伝の補強として、「平政子」論を執筆し、栗山・中村両総裁に送っていた。次にその内容を検討したい。政子論は大きく三段落に分かれる。

まず、第一段では、政子が女性でありながら、軍事・政治の実権を握ったことに触れ、これは大いに人より優れたものがなければ不可能であったとする。また、父時政の命に背き、頼朝のもとに走ったのは正しい行いとはいえないが、いち流人であるからやむをえない。政子の考えは、すべては北条のためであり、自分の存在のみを認め、子どものことは考慮しない。気丈で狡猾《こうかつ》というべきであると評する。

第二段では、頼家が暗愚《あんぐ》であったため、将軍職を解き、守護・地頭を一幡と実朝に分けたとする。このことが比企氏を討つ口実となり、北条氏が勝利して政子の志は成就された。実朝の死後、政子は鎌倉の主として頼経を迎え、将軍権力を手中に収めた。政子の思惑は、頼朝の血を絶やして自身が権力を握ることにあったから、まさに武氏（則天武后《そくてんぶこう》）の乱をみるような思いであるという。

第三段では、澹泊の考えを述べる。武氏を介して孝謙《こうけん》天皇と政子を対比しながら、義時・泰時の子孫が兵馬の権を掌握したのは、政子によるところが大きく、女丈夫というべきである。しかし、武氏に比べれば武氏に仕えた侍女ほどの役割を果たしたにすぎず、自分の政子論はただ外面の類似点を指摘したにすぎない、と結ぶ。

中国の故事を引用・対比しながら政子の事績を述べる筆力は、水戸を代表する史家にふさわしい（梶山二〇〇七）。

『大日本史』の「政子伝」と比較すると、政子が頼家の職を解き、これを口実として比企氏を討ったとする点や、義時・泰時およびその子孫が兵馬の権を握ったのは政子のおかげであるとして「女丈夫」と評する点などは類似しており、「政子伝」が澹泊の意向をかなり反映した内容であったことが窺われる。逆に、「政子伝」で政子の性格を「妬忌」すなわち嫉妬深いと記したのは、栗山・中村の意向を汲んだのではないかと考えられる。

なお、列伝成立後、澹泊は「論讃」の執筆にとりかかっているが、そこでは政子を次のように評価している。

「源頼朝の妻は、権略・智算、固《もと》より女流の能《よ》く及ぶ所にあらず。頼朝を制するに妒悍《とかん》（嫉妬深く気が荒いこと）を以てし、将士を馭《ぎょ》するに厳明を以てし、識慮深遠にして、頗《すこぶ》る婁妃《ろうひ》・述律妃《じゅつりつひ》の風有り。北条氏の政を得たること、与《あずか》りて力有り」

「婁妃・述律妃」とは、明の寧王《ねいおう》の妃と遼の太祖耶律阿保機《たいそやりつあほき》の妃を指し、夫を諫めたり、補佐したりした賢夫人として知られる女性である。加えて、ここでは「女丈夫」という表現も見当たらず、政子論や「政子伝」よりも評価は高いといえよう。ただし、頼朝に対し嫉妬深く、気が荒い人物であったとする点はこれまでと同様である。

『大日本史』が明治以降の歴史の教科書に大きな影響を及ぼしたこと、また「政子伝」が当初は採録されていなかったことを踏まえると、安積澹泊は政子像の形成過程において非常に大きな役割を果たしたといえよう。頼朝の妻ではなく、平政子というひとりの女性政治家として高く評価したのである。また、義時や泰時の存在にも目を配り、北条氏の権力掌握が政子の力によるところ多大であったことを鋭く指摘した点は、さすがとしか言いようがない。すでに拙著（『史伝 北条義時』）で詳しく論じたが、義時を「叛臣伝《はんしん》」ではなく

「家臣伝」に採録し、その功績を三上皇配流の一点をもって抹殺するのではなく、きちんと認めた上で行き過ぎた行為に対しては批判を加えるという態度を示したのも澹泊であった。広い視野をもって歴史を叙述し、人物を評価する安積澹泊は学者として尊敬に値する人物である。

以上、近世の政子評をみてきた。女性の地位が低く、儒学が広まった近世においては、全体的に政子の評価は低調である。また、嫉妬深さにも注目が集まり、政子が自身の権力掌握のために源氏を滅ぼしたとする。こうした公的な政子評が大衆の親しむ戯曲や小説などにも影響を与えたことは想像に難くない。近世は、現代の政子像にも通ずる烈女のイメージが形成された時代であったといえよう。

第三節　近代の政子評

時期区分論と政子

佐藤進一氏の提唱した、鎌倉幕府の歴史を《将軍独裁→執権政治→得宗専制》の三段階の構図で捉える三区分論は、今日の通説になっているが（佐藤一九五五）、さまざまな議論を経て定着したものである。この鎌倉幕府の時期区分論において、政子の存在はどのように位置づけられてきたのか、みておきたい。

明治二十三年（一八九〇）、帝国大学文科大学国史科の参考書として刊行された重野安《しげのやす》繹《つぐ》・久米邦武《くめくにたけ》・星野恒《ほしのひさし》編『国史眼』では、鎌倉時代の分界線を承久の乱前後に設定し、平治の乱～承久の乱とその戦後処理～蒙古襲来による衰退の二つに区分している。これは、承久の乱後、天下の政権がことごとく武士の手中に帰したという解釈である。また、乱後、六波羅探題《ろくはらたんだい》が設置されたこと、北条義時・大江広元・政子が相次いで亡くなり、六波羅の北条泰時・時房が下向して、執権・連署制が成立したこと、評定衆を置いて政務を会議したことなどにも触れ、上記の制度が整えられた意義を重視している。その一方で、頼朝の死後、「時政権ヲ執リ、政子ト内外相和シ、機ニ乗ジテ功臣ヲ斃《たお》シ、以テ自家ノ便利ヲ謀」ったことを、北条執権の始まりと評価し、時政の策謀が発覚すると、政子が義時を執権にしたと述べている。

幕府内の制度が整えられた前提として、政子らの死去に触れ、また時政・義時による執権政治が政子同意のもと行われていることを指摘する点は重要である。

次に、三浦周行《みうらひろゆき》は、明治四十年（一九〇七）に『大日本時代史 鎌倉時代史』を上梓し、鎌倉時代の三大時期として創業時代（公文所《くもんじょ》・問注所《もんちゅうじょ》設置〜北条政子の死）・守成時代（〜北条時宗の死）・衰微時代（〜幕府滅亡）をあげている。

三浦が義時・広元ではなく、政子の死に画期を見出している点は重要である。これは、政子の死後、泰時が『御成敗式目』の制定や評定衆の設置といった法制上の施設を整え、幕府に「組織上の生命」を与えたことによって、守成時代に移ったとみるからである。泰時にとっての尼将軍政子の存在の大きさを反映させた解釈といえよう。

この翌年の明治四十一年（一九〇八）、新しい時期区分を示したのが、黒板勝美《くろいたかつみ》の『国史の研究』である。黒板は、三浦の三区分論に一定の理解を示しながらも、二区分論を提唱している。

要約すると、「鎌倉武家時代の特質から考えてみれば、鎌倉幕府は頼朝により開かれたとはいえ、実は北条氏のものである。鎌倉幕府の特色は北条氏あってはじめて光彩陸離《こうさいりくり》たるもので、武家政治として忌憚《きたん》なくその主義を発揮したのは承久の乱後である。故にこの方面から、承久前後を二大期とし、将軍政治期・執権政治期の二つに区分してみたい」と。

黒板が承久の乱に重要画期を見出すのは、『国史眼』の論点を継承したからであるが、鎌倉幕府の特質として北条氏による政治に注目し、その政治形態を「執権政治」という用語をもって表したことは重要な先駆とみるべきである。現在、学界に定着している「執権政治」は、黒板の著書を嚆矢《こうし》とする。ただし、執権政治期については、「政治の実権は全く北条氏に帰し、執権をもって将軍を擁し一切のことを行なった」と述べるにすぎず、政子の役割にも触れていない。

黒板の視角を継承しつつ、残された課題に着手した研究者こそ、龍粛《りゅうすすむ》である。龍は、大正十年（一九二一）の「尼将軍政子」のなかで、将軍の血統が変わろうとも、終始、幕府の実権を握ったのは執権北条氏であり、幕府政治はすなわち執権政治であったと主張した。さらに、北条氏が執権として権力を確立する過程に関心を向け、その過程における尼将軍政子の役割を高く評価している。

鎌倉幕府の特質として、北条氏による執権政治を重視する黒板・龍の視角は、佐藤にも継承されたといえよう。佐藤は、得宗専制の成立に鎌倉幕府の画期を見出し、黒板が「執権政治期」と認識した鎌倉中後期を厳密に二分した。

一方、法制史に問題関心を有する佐藤は、承久の乱後、執権政治のもとで展開した執権・連署制および評定衆の設置を「合議的精神の発現」、式目の制定を「公家法に対する武家法の自覚」と評価して大きな意義を見出したが、この淵源には三浦の区分論があったとみてよい。佐藤が、執権政治の成立として、建暦三年（一二一三）の和田合戦後に北条義時が和田義盛を滅ぼし、政所と侍所の別当を兼ねたことを重視したのも、このとき執権の地位が制度的裏付けを得たとみなすからである。

以上、明治期から始まる時期区分論を追ってきたが、執権政治の成立や泰時とその子孫による幕府内の制度の充実に政子の意向やその死が関わっていたとして、政子の存在に触れる点は興味深い。戦前の研究者たちは、政子の政治的役割を高く評価していたといえよう。龍の指摘するように、源氏将軍が途絶えようと、幕府が終始北条氏の手中にあったのは、政子の力によるところが大きい。逆に、尼将軍政子の死は、その存在が大きかっただけに、余人を以って代えがたく、法によって整備する方向へと進んでいったのである。

国定教科書への登場

次に、尋常小学校の教科書に政子がどのように登場するか確認したい。明治四十二年（一九〇九）刊行の「尋常小学日本歴史」では、北条時政の説明として「頼朝の妻政子の父」とみえる。また、義時が政子と謀って頼経を迎え、政治の実権は北条氏に移ったとする。

明治四十四年（一九一一）刊では、頼経を迎えたが、まだ二歳と幼いため、政子が政治を行うこととし、尼将軍と呼ばれた。これにより、政治の実権は北条氏に移ったと記す。尼将軍政子の歴史的役割をきちんと記しており、好感がもてる。

しかし、昭和に入ると、政子は姿を消す。昭和二年（一九二七）刊では、時政の説明が「頼朝の妻の父北条時政」となり、頼経を迎えたのは義時であったとする。昭和九年（一九三四）刊にも、「頼朝の舅の北条時政」とみえる。さらに、承久の乱に関わった義時への批判が目立つようになる。すなわち、義時は幼主を迎え、思う存分に振舞うようになり、「天皇の御心にそむいて、みだりに兵を挙げて京都をさわがし、しかも、天皇を廃立申したり、三上皇を遠い島々におうつし申したりしたことは、古今に例のない大事変で、義時の不忠不義、まことににくみてもあまりあり」とする。昭和十五年（一九四〇）刊でも、義時批判は加速している。源氏が滅びても、政治は武家の手に握られ、幕府の政治は頼朝以来七百年も続いた。朝廷に対して、誠に恐れ多い極みである。義時の戦後処理（院の配流）は古今に例のない無道の行であるとして、武士による政治（幕府）が続いたこと、院の配流を実行したことを批判し、義時を極悪人として評価する。

昭和十八年（一九四三）には、実朝を討った公暁は腹黒い義時に討たれたとし、義時は頼経を名ばかりの鎌倉の主として迎え、執権として勝手なふるまいをした。ゆえに、後鳥羽はもう武士に政治を任せておけないとして挙兵したという、後鳥羽院擁護・義時批判の方針を貫いている。

江戸幕府を否定して成立した明治新政府、そして天皇の神格化が進んだ戦前には、承久の乱前後の幕府側の政治的行為は、すべて義時に集約され、政子は登場さえしなくなった。では、政子にはどういう役割が期待されたのかというと、意外にも「良妻賢母」として女学校の教科書に登場している。

昭和八年（一九三三）刊行の『新体女子日本歴史』は、『吾妻鏡』の研究でも有名な中世史研究者・八代国治《やしろくにじ》著である。ここでは、政子を男子よりも意志が強い女性としつつも、頼朝の成功は半ば政子の内助の功によるところが多いとし、操《みさお》が正しかったことに触れる。また、頼朝が義経の愛妾・静を殺そうとしたとき、これを諌めた話を紹介する。

頼朝の死後、尼将軍として幕府を導いた政子ではなく、頼朝の生前に妻として、母として夫を支えた姿をあえて取り上げたのであろう。これは、政子の一面にすぎないが、「良妻賢母」の例とするには都合がよかったに違いない。

政治を動かすのはあくまで男性であるという見方が根底にあるなかで、歴史の教科書から政子は次第に姿を消した。その一方で、夫を支える妻として女学校の教科書に登場するようになるとは、なんとも皮肉である。その生涯のうち、どの場面を、どんな視点で切り取るかによって、人物の評価はまったく異なる。政子の場合も、優れた女性政治家から嫉妬深い悪女、そして良妻賢母までさまざまである。人物評というのは、評価する側の意図や都合をよくよく踏まえて吟味しなければならない。

戦後の評価

戦後には、渡辺保によって客観的な政子の伝記『北条政子』（吉川弘文館、一九六一年）が出版された。また、野村育世・田端泰子《たばたやすこ》ら女性史研究者による良書も出されている。

ただし、一般的には、まだまだ政子を嫉妬深く、男勝りで、気性の激しい女性であるとする極端な政子像も流布しているのではないだろうか。鎌倉時代、夫の死後に妻が夫の権限を継承することは社会的に認められていた。政子が源氏将軍家の家長として家の中心的人物に成りえたのも当然のことなのである。一面的な評価や現代の物差しではなく、当時の社会状況を踏まえて、政子を多面的に理解していく方向に進むことを願っている。

コラム4　日本画に描かれた政子

北条政子が日本画の題材に選ばれることは極めて稀である。気が強く、男勝りの強い女という印象が一般に広まっている政子は、女性の美しさや繊細さを表現する日本画とは相性がよくなかったのであろう。題材として好まれるのは、愁いを帯びた静御前《しずかごぜん》や華やかな女武者巴《ともえ》といった源平の内乱のなかで時代に翻弄された女性たちである。

そのような中で異彩を放つのが、守屋多々志《もりやただし》「聴聞（北条政子）」（一九八〇年、愛知県美術館蔵）である。暗闇のなか、二本の灯明《とうみょう》の灯《あか》りに照らされながら、数珠を手に祈る姿が描かれている。本書でも述べた通り、政子は夫、そして四人の子どもに先立たれた。人生の大半は、彼ら彼女らの菩提を弔う祈りの日々であったといっても過言ではない。守屋は、承久の乱の演説に代表される単に強い尼将軍ではなく、慈悲深く信仰に厚い姿を描くことで、独自の政子像を提示したのである。

作者の守屋多々志（一九一二〜二〇〇三）は、岐阜県大垣市の生まれ。初め油彩画を学んだが、雑誌で「平家物語絵巻」をみて開眼、上京し歴史画の大家である前田青邨《まえだせいそん》に師事する。昭和六年（一九三一）には東京美術学校日本画家に入学し、同十一年に卒業。翌年、徴兵により満州に渡る。同十六年、院展に「継信忠信」が初入選し、以降も院展に出品を続ける。歌舞伎の舞台装置や考証を担当して以降、制作のみならず舞台や映像美術の仕事も行い、吉川英治の歴史小説「新平家物語」の挿絵や黒澤明「羅生門《らしょうもん》」の衣装デザインも手掛ける。同二十九年、イタリアに留学。同四十一年より愛知県立芸術大学日本画科非常勤講師、四十九年同教授となる。鎌倉円覚寺金堂の天井画「白龍」の制作、法隆寺金堂壁画再現模写への参加、高松塚古墳壁画模写の総監督を務めるなど、精力的に活動する一方、

守屋多々志「聴聞（北条政子）」（愛知県美術館蔵）

確かな考証に基づいた格調高い歴史画を次々と発表する。晩年には、今までの歴史画には描かれなかったような歴史上の出来事に注目した独自の世界観を展開している。

本作は大学を退いてから二年後の作品である。政子の強さではなく慈悲深さに着目した点は、慧眼《けいがん》と言わざるを得ない。政子の本質を見抜いた作品であるといえよう。

エピローグ——鎌倉幕府を導いた尼将軍

政子の実像

鎌倉幕府という、日本史上はじめての本格的な武家政権を樹立したのは、源頼朝であるが、頼朝亡き後、その権威を代行し、源氏将軍家の家長として、幕府を導いたのは、政子であった。鎌倉時代前期の幕府の歩みは、政子とともにあったといっても過言ではない。

にもかかわらず、気が強くて嫉妬深く、冷酷で、政治にも関与した男勝りの女という印象は、今日でも根強く残っており、「悪女」の枠から完全に抜け出せていない。

こうした「悪女」政子像は、近世より再生産されてきた。しかし、本書でも述べてきたように、同時代史料から浮かび上がる政子の姿は違う。戦乱のなかで不幸になった女性たちへの気配りや尼将軍として采配を振るう姿は、主体的で慈悲深く、政子が武家政権の確立・発展に尽力した最重要人物であったことを示している。

もちろん、すべてが政子の力で行われたわけではなく、弟の義時や甥の泰時、いとこの三浦義村、文筆吏僚の大江広元・三善康信《みよしやすのぶ》など、優秀で信頼できる人物に恵まれたところはある。ただし、家族に関しては、つらい人生を送った人であった。精神的プレッシャーのなか、頼朝の後継者を出産したが、子どもには四人とも先立たれている。母としては、不幸の連続であった。頼家とのあいだには常に比企氏の存在があり、目を掛けた実朝も公暁《こうぎょう》の刃に倒れてしまった。娘たちも若くして病死してしまった。実朝が暗殺され、頼朝と自身の血を引く男子が絶えたことは、相当な苦しみを政子に与えたに違いない。

源氏将軍の断絶は、幕府存続の危機でもあった。ここですぐに朝廷との交渉を開始し、九条家から三寅《みとら》を迎えたことは、政治家政子の功績として重要である。まだ幼い二歳の三寅が将軍など、普通ならあり得ない。しかし、頼朝の後家である政子が後見となり、実質的な将軍として幕府を運営することで、幕府の基礎は揺らぐことなく、三寅の成長を待つことができた。中継ぎではあるが、鎌倉幕府がおよそ百五十年ものあいだ続いた歴史を振り返るとき、政子の果たした役割は大きいのである。

政子と北条氏

北条氏が執権職を世襲し、権力を掌握することができたのは、ひとえに政子の力によるところが大きい。時政が幼い将軍実朝に代わり、専制政治を敷くことができたのは、政子がそれを許したからである。そして、時政から義時へ、義時から泰時へ執権職の継承が行われるよう尽力し、それを公認したのも政子である。

また、北条氏と有力御家人が対立したとき、いずれも北条氏が勝利を収めることができたのも、政子によるところ多大である。頼朝の後家である政子の命令は、正当性を帯び、御家人たちを動員することができた。政子の味方する北条氏は、必ず幕府軍となることができたのである。時政追放後、政治の実権を握ったのは、執権義時であったが、幕政を主導しえたのも政子の弟であるというところが大きいであろう。後鳥羽院の挙兵を受け、動揺する御家人たちをまとめ上げたのは政子であったし、軍議を行った際、義時は政子にも意見を求めている。戦後処理において最終的な決定権をもっていたのも政子であった。

政子は、義時の死後、その墓所である法華堂を頼朝のそれと並べて造営している。つまり、幕府の創始者である将軍頼朝と、将軍の臣下である義時の法華堂が並んで山の中腹に設けられたのである。この事実は、義時の死後、政子による義時、ひいては執権北条氏の権威化が図られたことを示すものに他ならない。

義時の権威化と同時に進められたのが、泰時の執権職就任である。伊賀の方や三浦義村に不審な動きがあるなかで、これを未然に防ぎ、政村ではなく泰時への継承を実現させた。伊賀氏事件の前後、政子は三寅を連れて一カ月ほど泰時邸に滞在し、伊賀氏の処分などを差配している。これは、泰時こそが正統な執権（将軍後見役）であることを内外に示すための戦略であろう。泰時にとっては、どんなに心強いことであったかと思う。

泰時が自身を執権に据えてくれた政子に相当な恩を感じていたことはいうまでもない。両者が信頼関係を築いていたことは、出家を諫《いさ》め、「天下を鎮守せよ」と命じた政子の遺言にも明らかである。泰時が大政治家として同時代より後世にいたるまで高く評価された人物であることは論を俟《ま》たない。したがって、泰時政権への道を開いたという点にも政子の歴史的役割を見出すことができる。

政子死後の鎌倉

政子は死してなお、その存在感を増していく。政子の死後、泰時の時代に『御成敗式目《ごせいばいしきもく》』が制定され、評定衆《ひょうじょうしゅう》が設置されるなど、幕府の法整備が急速に進んだことは決して偶然ではない。政子による成敗は、源氏将軍の成敗とともに先例として重視され、法というかたちで幕府を導くことになった。

さらに、北条氏が独裁政治（得宗専制《とくそう》）を進めていく時頼の時代には、源氏将軍と政子、さらに泰時の成敗が重視された。一時ではあるが、臨時的に政子が将軍をつとめたことは、将軍権力が将軍から執権北条氏へと移る口実をもたらした。北条氏の権力掌握過程において、尼将軍政子の存在は重要なのである。したがって、北条氏が幕政の実権を掌握し、得宗専制への道が開かれたという点でも、政子を評価することができる。類《たぐい》まれなる政治力を発揮した政子は、その後の鎌倉幕府の政治体制にまでも影響を及ぼしたのであった。

主要参考文献(副題は省略)

赤澤春彦「「関東御医師」考」(『中央史学』第二九号、二〇〇六年)
赤澤春彦「鎌倉陰陽師の成立と展開」(『鎌倉期官人陰陽師の研究』吉川弘文館、二〇一〇年。初出二〇〇三年)
秋山敬『甲斐の荘園』(甲斐新書刊行会、二〇〇三年)
秋山哲雄「北条政子の居所とその政治的立場」(『鎌倉を読み解く』勉誠出版、二〇一七年。初出二〇一三年)
飯田久雄「「右大将家之例」の形成過程」(『史学研究』第四九号、一九五二年)
飯沼賢司「女性名から見た中世の女性の社会的位置」(『歴史評論』第四四三号、一九八七年)
飯沼賢司「後家の力」(峰岸純夫編『中世を考える 家族と女性』吉川弘文館、一九九二年)
池谷初恵『鎌倉幕府草創の地・伊豆韮山の中世遺跡群』(新泉社、二〇一〇年)
池谷初恵「中世初頭の東国の京都系かわらけにみる技術の導入と変容」(『国立歴史民俗博物館研究報告』第二一〇集、二〇一八年)
石井進『日本の歴史七　鎌倉幕府』(中央公論社、一九六五年)
伊藤邦彦「比企能員と鎌倉幕府」(『鎌倉幕府守護制度の研究【論考編】』岩田書院、二〇一〇年。初出一九九三年)
上横手雅敬『北条泰時』(吉川弘文館、一九五八年)
上横手雅敬「執権政治の確立」(『日本中世政治史研究』塙書房、一九七〇年。初出一九五九年)
上横手雅敬「鎌倉初期の公武関係」(前掲書、初出一九六二年)
上横手雅敬「幕府と京都」(『鎌倉時代政治史研究』吉川弘文館、一九九一年。初出一九七一年)
上横手雅敬「北条政子と藤原兼子」(『鎌倉時代』吉川弘文館、一九九四年。初出一九七七年)
上横手雅敬・元木泰雄・勝山清次『日本の中世八 院政と平氏、鎌倉政権』(中央公論新社、二〇〇二年)
上横手雅敬編『源義経流浪の勇者』(文英堂、二〇〇四年)

大石直正「執権政治と陰陽道」(『六軒丁中世史』大石直正先生還暦祝賀実行委員会、一九九一年)
大塚久『将軍実朝』(高陽書院、一九四〇年)
大山喬平『日本の歴史第九巻　鎌倉幕府』(小学館、一九七四年)
奥健夫「寿福寺銅造薬師如来像(鶴岡八幡宮伝来)について」(『三浦古文化』第五三号、一九九三年)
小野翠「鎌倉将軍家の女房について」(『紫苑』第六号、二〇〇八年)
梶山孝夫『現代水戸学論批判』(錦正社、二〇〇七年)
勝浦令子『女の信心』(平凡社、一九九五年)
鎌倉国宝館『国宝 鶴岡八幡宮古神宝』(二〇二一年)
鎌倉歴史文化交流館『甦る永福寺』(二〇一七年)
河合正治「尼将軍政子について」(『日本歴史』第三六八号、一九七九年)
川添昭二「源実朝とその周辺」(『日蓮と鎌倉文化』平楽寺書店、二〇〇二年。初出一九七八年)
金永「摂家将軍家の「家」の形成と妻たち」(『ヒストリア』第一七八号、二〇〇二年)
呉兢編・石見清裕訳注『貞観政要　全訳注』(講談社、二〇二一年)
五味文彦『源実朝』(角川書店、二〇一五年)
米谷豊之祐「武士団の成長と乳母」(『大阪城南女子大学研究紀要』第七号、一九七二年)
近藤好和『源義経』(ミネルヴァ書房、二〇〇五年)
坂井孝一『曽我物語の史的研究』(吉川弘文館、二〇一四年)
坂井孝一『源実朝』(講談社、二〇一四年)
坂井孝一『承久の乱』(中央公論社、二〇一九年)
坂口太郎「『愚管抄』成立の歴史的前提」(元木泰雄編『日本中世の政治と制度』吉川弘文館、二〇二〇年)
櫻井陽子「頼朝の征夷大将軍任官をめぐって」(『平家物語本文考』汲古書院、二〇一三年。初出二〇〇四年)
佐々木紀一「北条時家略伝」(『米沢史学』第一五号、一九九九年)

佐々木紀一「源頼茂謀反の政治的背景について」(『山形県立米沢女子短期大学附属生活文化研究所報告』第三一号、二〇〇四年)
佐々木紀一「池禅尼の没年」(前掲雑誌第三四号、二〇〇七年)
佐藤進一「執権政治」(『世界歴史事典』第八巻、平凡社、一九五二年)
佐藤進一「鎌倉幕府政治の専制化について」(『日本中世史論集』岩波書店、一九九〇年。初出一九五五年)
佐藤雄基「鎌倉期の御家人と誓約に関する覚書」(酒井紀美編『生活と文化の歴史学六　契約・誓約・盟約』竹林舎、二〇一五年)
島田康寛監修『近代日本画家が描く歴史を彩った女性たち展』(毎日新聞社、二〇〇〇年)
女性史総合研究会編『日本女性生活史 第二巻中世』(東京大学出版会、一九九〇年)
白井克浩「承久の乱再考」(『ヒストリア』第一八九号、二〇〇四年)
杉橋隆夫「執権・連署制の起源」(瀬野精一郎・村井章介編『日本古文書学論集五　中世一』吉川弘文館、一九八六年。初出一九八〇年)
杉橋隆夫「鎌倉執権政治の成立過程」(御家人制研究会編『御家人制の研究』吉川弘文館、一九八一年)
関幸彦『北条政子』(ミネルヴァ書房、二〇〇四年)
総合女性史研究会編『日本女性の歴史』(角川書店、一九九三年)
総合女性史研究会編『史料にみる日本女性のあゆみ』(吉川弘文館、二〇〇〇年)
平雅行「日本中世における在俗出家について」(『大阪大学大学院文学研究科紀要』第五五号、二〇一五年)
高橋秀樹『中世の家と性』(山川出版社、二〇〇四年)
高橋秀樹『日本中世の家と親族』(吉川弘文館、一九九六年)
田中稔「(書評)石井進著『日本の歴史7　鎌倉幕府』」(『歴史評論』第一九〇号、一九六六年)
田辺旬「北条政子発給文書に関する一考察」(『ヒストリア』第二七三号、二〇一九年)
田辺旬「第三講　承久の乱」(高橋典幸・五味文彦編『中世史講義〈戦乱編〉』筑摩書房、二〇二〇年)

田端泰子『北条政子』（人文書院、二〇〇三年）
田端泰子『乳母の力』（吉川弘文館、二〇〇五年）
田端泰子「北条政子の熊野詣とその意義」（『女性歴史文化研究所紀要』第二八号、二〇二〇年）
舘隆志「公暁の法名について」（『印度學佛教學研究』第六一巻第一号、二〇一二年）
谷昇「後鳥羽天皇在位から院政期における神器政策と神器観」（『後鳥羽院政の展開と儀礼』思文閣出版、二〇一〇年。初出二〇〇八年）
谷昇「北条政子危急をめぐる朝幕の対応とその背景」（『立命館文学』第六七四号、二〇二一年）
永原慶二「北条政子」（『日本歴史の女性』御茶ノ水書房、一九五二年）
長村祥知「木曾義仲の畿内近国支配と王朝権威」（『古代文化』第六三一号、二〇一一年）
長村祥知「〈承久の乱〉像の変容」（『中世公武関係と承久の乱』吉川弘文館、二〇一五年。初出二〇一二年）
長村祥知「木曾義仲の発給文書」（『信濃』第六五第一一号、二〇一三年）
野口実「流人の周辺」（『増補改訂　中世東国武士団の研究』戎光祥出版、二〇二〇年。初出一九八九年）
野口実「竹御所小論」（『武家の棟梁源氏はなぜ滅んだのか』新人物往来社、一九九八年。初出一九九二年）
野口実「鎌倉武士と報復」（清水亮編『中世関東武士の研究第七巻　畠山重忠』戎光祥出版、二〇一二年。初出二〇〇二年）
野口実「「京武者」の東国進出とその本拠地について」（『東国武士と京都』同成社、二〇一五年。初出二〇〇六年）
野口実「伊豆北条氏の周辺」（『京都女子大学宗教・文化研究所 研究紀要』第二〇号、二〇〇七年）
野口実「源平内乱期における「甲斐源氏」の再評価」（『東国武士と京都』同成社、二〇一五年、初出二〇一一年）
野口実「北条時政の上洛」（『京都女子大学宗教・文化研究所 研究紀要』第二五号、二〇一二年）
野口実『源氏の血脈』（講談社、二〇二二年。初刊二〇一二年）
野口実「寒河尼と小山三兄弟」（『日本歴史』第七九八号、二〇一四年）
野口実・長村祥知「承久宇治川合戦の再評価」（『京都女子大学宗教・文化研究所　研究紀要』第二三号、二〇一〇年）

野村育世「北条政子の政治的位置」(『歴史と地理』第四八一号、一九九五年)
野村育世『北条政子』(吉川弘文館、二〇〇〇年)
原勝郎「吾妻鏡の性質及其史料としての価値」(『日本中世史の研究』同文館、一九二九年。初出一八九八年)
原田正俊「高野山金剛三昧院と鎌倉幕府」(大隅和雄編『仏法の文化史』吉川弘文館、二〇〇三年)
平泉澄『明治の源流』(時事通信社、一九七〇年)
平泉隆房「『吾妻鏡』源実朝暗殺記事について」(『皇学館論叢』第二三巻第二号、一九九〇年)
平田俊春「吾妻鏡と六代勝事記との関係」(『平家物語の批判的研究　下巻』国書刊行会、一九九〇年。初出一九三九年)
藤本頼人「源頼家像の再検討」(『鎌倉遺文研究』第三三号、二〇一四年)
船越雅世「鎌倉期の武家社会における「仮名文書」について」(『史艸』第四六号、二〇〇五年)
細川重男「右京兆員外大尹」(『鎌倉北条氏の神話と歴史』日本史史料研究会企画部、二〇〇七年。初出二〇〇一年)
細川涼一「源実朝室本覚尼と遍照心院」(『中世寺院の風景』新曜社、一九九七年。初出一九九五年)
本郷和人『新・中世王権論』(新人物往来社、二〇〇四年)
丸山航平「九条道家の学問と信仰」(『日本史攷究』第四三号、二〇一九年)
美川圭『院政』(中央公論新社、二〇〇六年)
三好俊文「常陸入道年西の一族と鎌倉殿」(『市史 せんだい』第二六号、二〇一六年)
村田正志「諸方に伝存する慈円文書」(『村田正志著作集 五　国史学論説』思文閣出版、一九八五年)
目崎徳衛「鎌倉幕府草創期の吏僚について」(『貴族社会と古典文化』吉川弘文館、一九九五年。初出一九七四年)
目崎徳衛『史伝 後鳥羽院』(吉川弘文館、二〇〇一年)
元木泰雄「五位中将考」(大山喬平教授退官記念会編『日本国家の史的特質 古代・中世』思文閣出版、一九九七年)
元木泰雄『源義経』(吉川弘文館、二〇〇七年)
元木泰雄「頼義と頼清」(『立命館文学』第六二四号、二〇一二年)
元木泰雄「源頼朝」(野口実編『中世の人物 京・鎌倉の時代編第二巻 治承~文治の内乱と鎌倉幕府の成立』、清文堂

出版、二〇一四年）
元木泰雄『源頼朝』（中央公論社、二〇一九年）
桃裕行「うわなりうち（後妻打）考」（『桃裕行著作集第四巻 古記録の研究（上）』思文閣出版、一九八八年。初出一九五一年）
八代国治『吾妻鏡の研究』（明世堂書店、一九四一年。初刊一九一三年）
安川実「近世史学の形成」（『歴史教育』第七巻第一〇号、一九五九年）
安川実『本朝通鑑の研究』（言叢社、一九八〇年）
薮田育子「「尼将軍」政子呼称考」（『国文鶴見』第四二号、二〇〇八年）
山路愛山「平政子論」（『現代日本文学全集』五一、改造社、一九三一年。初出一九〇六年）
山本幸司『日本の歴史九　頼朝の天下草創』（講談社、二〇〇一年）
山本みなみ「鎌倉幕府成立期における文士」（『紫苑』第八号、二〇一〇年）
山本みなみ「北条時政とその娘たち」（『鎌倉』第一一五号、二〇一三年）
山本みなみ「和田合戦再考」（『古代文化』第六八巻一号、二〇一六年）
山本みなみ「慈円書状をめぐる諸問題」（元木泰雄編『日本中世の政治と制度』吉川弘文館、二〇二〇年）
山本みなみ「北条義時の死と前後の政情」（『鎌倉市教育委員会文化財部調査研究紀要』第二号、二〇二〇年）
山本みなみ『史伝 北条義時』（小学館、二〇二一年）
山家浩樹「実朝の追善」（『アジア遊学』二四一、二〇一九年・初出一九〇六年）
龍粛『鎌倉時代 上』（春秋社、一九五七年）
脇田晴子『中世に生きた女たち』（岩波書店、一九九五年）
和田英松「阿波局」（『国史国文之研究』雄山閣、一九二六年。初出一九一九年）

あとがき

北条政子。日本中世史のなかでもっとも著名な女性といってよかろう。鎌倉時代の政治史を専攻する私は、いつか政治家としての北条政子を描きたいと心に秘めていたが、まさかこんなにも早く政子の人物伝を執筆する機会をいただくとは思いもよらなかった。

出版のお話をいただいたのは、昨年の十一月頃だったと記憶している。ちょうど昨年末に出版した『史伝 北条義時』の執筆が終わりを迎える頃であった。長く義時と向き合う中で感じたのは、義時が幕府に揺るぎない地位を築くことができたのは、ひとえに政子の力によるところが大きいということである。いわば、「政子あっての義時」なのだ。そもそも北条氏を歴史の表舞台へと導いたのは、頼朝の妻政子であり、頼朝の死後、北条氏が執権政治を行うことができたのも、後家の政子の公認があったからである。

本書の執筆にあたり、同じ時代を義時と政子、二人の視点から描き出すことができたのは、誠に幸運であった。頼朝の権威を継承し後家の力を発揮する政子と、その権威を背景に政争の中に我身を投じた義時の連携は目を見張るものがある。この姉弟が両輪となって幕府政治が運営されたからこそ、源氏将軍断絶と承久の乱という難局を乗り越えることができたといえよう。先に亡くなったのは弟の義時であるが、政子は義時の権威化と泰時への執権職継承を成し遂げ、翌年に息を引き取る。これもまたよくできた話で、もしも政子が先に亡くなっていたら、泰時が執権に就くことはなかったかもしれない。執権政治は北条氏内部の対立により、常に瓦解する可能性を秘めていた。政子が死の前年に泰時政権への道を開き、これを見届けた歴史的意義は大きい。

同時代史料を紐解くなかでみえてきたのは、主体的で慈悲深い政子の姿である。慈光寺本『承久記』のなかに、政子が「私は昔からものをはっきりいう人だから、今ここで京方につくか、鎌倉方につくか決めよ」と語る場面がある。物語ゆえ、そのまま信用することはできないが、自分の考えをもった芯のある女性だったのではないかと思う。演説で御家人たちをまとめ上げた史実からも、頼りになる女性であったに違いない。社会的弱者、とくに不幸な女性たちに目を掛ける姿は、彼女の慈悲深さを物語る。

政子を研究するにあたり、基本史料となるのは『吾妻鏡』であるが、北条氏が関与した編纂物であるため、すべてを信用することはできない。とくに北条氏の権力掌握過程において政子の果たした役割は大きく、政子を顕彰する記述も見受けられる。『吾妻鏡』に頼らざるを得ない部分もあるが、できる限り同時代史料を駆使し、ありのままの政子を描くよう努めた。本書によって、政子に対する印象が少しでも変わったり、鎌倉時代に興味を持っていただけると嬉しい。

『史伝 北条義時』を上梓《じょうし》してから、多くの方からご意見やご感想を頂戴し、それは政子に向き合う活力となった。刊行されなければ生まれなかったであろう新しい出会いもたくさんあった。本書の執筆依頼もそのひとつである。脱稿を一カ月延ばすなど私の勝手を許し、粘り強く支えてくださったNHK出版の加藤剛氏、また義時本に続いて編集を担当してくださった三猿舎の安田清人氏には、心の底から感謝している。

勤め先である鎌倉歴史文化交流館でも北条氏展が始まり、多くの来館者に北条氏ゆかりの文化財を目にしていただいている。学芸員として、鎌倉の歴史・文化と現代社会の橋渡しができるよう、年度末まで駆け抜けたい。

最後に、私の研究活動をいつも応援してくれる家族に感謝の意を表したい。

二〇二二年春、鎌倉にて

山本みなみ

山本みなみ　やまもと・みなみ
1989年、岡山県生まれ。中世史研究者。
京都大学大学院にて博士(人間・環境学)の学位取得。
鎌倉歴史文化交流館学芸員、青山学院大学非常勤講師。
中世の政治史・女性史、特に鎌倉幕府や北条氏が専門。
北条義時の生涯と謎に迫る初の著書『史伝 北条義時』を刊行。
2022年4月より朝日新聞紙上で「鎌倉からの史(ふみ)」を連載。

NHK出版新書 673

史伝 北条政子
鎌倉幕府を導いた尼将軍

2022年5月10日　第1刷発行

著者　山本みなみ
発行者　土井成紀
発行所　NHK出版
〒150-8081 東京都渋谷区宇田川町41-1
電話 (0570) 009-321(問い合わせ) (0570) 000-321(注文)
https://www.nhk-book.co.jp (ホームページ)
振替 00110-1-49701

ブックデザイン　albireo
印刷　新藤慶昌堂・近代美術
製本　藤田製本

Printed in Japan ISBN978-4-14-088673-1 C0221

NHK出版新書好評既刊

百歳 いつまでも書いていたい
小説家・瀬戸内寂聴の生きかた
瀬戸内寂聴
楽しい法話で多くの日本人から愛された寂聴さん。ラジオに遺された「小説家」としての言葉に、人が快活に生きるためのヒントがちりばめられている。
672

史伝 北条政子
鎌倉幕府を導いた尼将軍
山本みなみ
鎌倉殿の妻、母、そして尼将軍へ。頼朝亡き後、政子はいかにして幕府を守ったのか？ 中世史の新鋭が新史料を駆使して迫る、史上随一の女傑の全貌。
673

教養としての「数学I・A」
論理的思考力を最短で手に入れる
永野裕之
二次関数や統計など高校数学の初歩に親しむことで、社会人に必須の「数学リテラシー」を身につける。数学学びなおしのプロがわかりやすく解説。
674

壁とともに生きる
わたしと「安部公房」
ヤマザキマリ
人間社会のジレンマを昆虫観察するかのように描いた戦後作家、安部公房。その恐るべき俯瞰力と先見性を、気鋭のマンガ家が生き生きと語る。
675

実践・哲学ディベート
〈人生の選択〉を見極める
高橋昌一郎
反出生主義に英語教育、ルッキズムからAI倫理、意思決定論まで。「教授」と「学生たち」のディベート形式で哲学的思考を鍛える画期的入門書！
676